JN106777

思い込みを捨てて本当の人生を取り戻そう

# STOP DOING THAT SH*T

GARY JOHN BISHOP
ゲイリー・ジョン・ビショップ
高崎拓哉 訳

Discover
ディスカヴァー

STOP DOING THAT SH*T
Copyright © 2019 Gary John Bishop.
Published by arrangement with HarperOne, an imprint of HarperCollins Publishers
through Japan UNI Agency, Inc., Tokyo

この本を、希望と救いをなくし、いら立ち、打ちのめされた人に捧げる。
今日はすべてが新しい始まりを迎える日だ。
私はあなたの過去を責めないし、あなたも気にするべきじゃない。

CONTENTS

思い込みを捨てて本当の人生を取り戻そう

# PART1 あなたは変われる



# PART2 無意識の「思い込み」



# PART3 思考パターンを理解する

## PART4 生き方を改める



## PART5 人生の問題点を把握する

## PART6 幻の真実を解き明かす



## PART7 3つの思い込み

# PART8 自分自身への思い込み



# PART9 他者への思い込み



# PART10 人生への思い込み

## PART11 人生のすべてを受け入れる



## PART12 本当の人生を取り戻す

## PART13 さあ、未来に向かおう

# PART 1

# あなたは変われる

『私たちは、日常のほとんどを自動操縦モードで過ごしている。』

## 心の奥底にひそんでいるもの

以前、誰かに「人間の本質ってなんだろう」と訊かれたことがある。

「くそったれだ」と私は答えた。

するとと、相手はそわそわと下を見つめ、気まずさを隠そうとするかのように、支離滅裂な別の質問をしどろもどろに口にした。

どうやら向こうは、古代の森に眠る汚れなき魂や生命のエッセンス、あるいは妖精のしずくを振りかけた宇宙の彼方の星屑の粒子について、ニューエイジ的で形而上学的な答えが返ってくるのを期待していたらしい。

だけど私は率直だった。いろんな人間（もちろん、あなたも、私もその人間のひとりだ）を見てきた経験から言えば、人の心の奥底には、表に出てくるのとはまったく別の獣が間違いなくひそんでいる。言葉をしゃべるくそったれと言ってもいいだろう。本人が直視したくない、不愉快で残念極まりない何か。極悪非道というよりは、ひねくれていて、束縛好きで、同じことを何度も口にする、どこまでも満たされない生き物だ。

**そいつが人生をダメにする。もっとはっきり言えば、破壊する。**

本書は、そのくそったれを見つけ出し、変えていく物語だ。人生を壊しまくっていた何かとの勝負だ。

だからもし、あなたが疲れ、ボロボロで、働きすぎで、愛されず、進歩せず、退屈で、壊れていて、心配性で、何もかもが気になり、自信がなく、やる気が出ず、絆が感じられず、間違ったほうへ進んでいて、どん底で、過去に囚われ、将来が心配で、絶望し、恐怖し、何も信じられず、疑り深く、腹が立ち、イライラし、完全にどつぼにはまっているなら、私はあなたのためにいるし、この本はあなたのためにある。

いや、もっと言えば、**この本はあなたのものだ。**

**だから、ただ読むだけじゃなく、使ってほしい。**

くそったれの黒ずんだ心臓へ手を伸ばし、引きずり出してやろうじゃないか。

## 自分との対話が人生を決める

以前に書いた本『あなたはあなたが使っている言葉でできている』では、人間はいつも内なる自分と会話を交わしていて、それをなんとかしなきゃいけないと訴えた。

人間の頭の中では、毎日いつでも、意見や判断、理由づけ、恐怖、言い訳といった雑音が響いている。音量は時と場合によってまちまちだが、ずっと声がしているのは間違いない。

そうした自分との対話、つまり「セルフトーク」は人生のロッカールームだ。その場所で、あなたは作戦を立て、エクササイズし、生きて死ぬための人生の計画を立てる。

もっとも、そうした計画のほとんどは日の目を見ない。いいことや夢はなおさらだ。人はそうしたものが立ち現れた瞬間、頭の中で封殺する。

内なる対話だろうが、他者との会話だろうが、人間は生きた会話にすぎない。体の中の対話。なんでも話題にする骨と皮でできたおしゃべりな袋。その会話の限界が、人生の限界を定める。それだけのことだ。

端的に言えば、**人間の人となりは話す内容で決まる。もっと言えば、話す中身の性質で決まる。**

もし、人生が手に負えないように思えるなら、実際に手に負えていない。

人は目にしたものから一定の人生観を築いていると勘違いしている人も多いが、実はその逆なのだ。実際は、人は自分との対話を通じて人生を形作り、それに合わせてずっと行動し続けている。

人が人生そのものに応じて行動することは絶対に（それはもう、100パーセント絶対に）ない。

人間は、自分の人生観に基づいて行動する。人生が人それぞれなのは、それが理由だ。それが人生というものだ。なんと呼ぶかはその人次第だが、人間は自分の声と付き合いながら生きていかざるをえない。

これは新しい考え方じゃない。

ハンス・ゲオルク・ガダマーやエトムント・フッサール、マルティン・ハイデガーのような哲学者は、言語の大切さと言葉が経験を形作る仕組みを探求した。自分が何を感じるか（もしくは感じないか）は自分が使う言語で決まってくる。**言葉は人生であり、人は言葉の力でずるずると滑り、自己破壊の道に堕ちていく。**

少し思い切った考え方かもしれないが、感情と会話がいつもタンゴを踊りながら、人生というフロアを行ったり来たりしているのは間違いない。

現代社会では、感情を上向かせる活動の中毒患者が増殖している。もっと幸せを感じよう、もっと自信を持とう、もっとこうなろう。そう言いながら、そういう状態をもたらす原因は全部ほったらかしのままでいる。

人生自体に救いがないように思うかもしれないが、そうじゃない。**問題は、あなたの人生をテーマにした対話であり、しかもその対話のほとんどは秘めやかに交わされるから、本人が深く探究することもない。**自分との対話は、舞台裏で流れているのだ。

## 本当の自分を見つけ出そう

私たちはこれから、自分のセルフトークがどんなものかを見つけ出し、それが今のどうしようもない人生に影響し続けている理由を探り出す。

日々の暮らしの中で、人はたいてい内なるおしゃべりの雰囲気や印象だけを体感し、正確な発言内容を突き止めようとはしない。だから、自分が自分とどんな会話をしているか、何がそうした会話につながっているかを知りたいなら……この先を読んでほしい。

私のことを「こいつも『ポジティブシンキング』系のありふれたテクニックを吹き込も

うとする輩じゃないだろうな」と思い始める人が現れる前に、ひとつはっきりさせておきたい。

ネガティブな部分を乗り越えるのに、「今のままでじゅうぶんだ」とか「じゅうぶん賢い」「愛されている」「自分ならできる」と自分に言い聞かせるだけではうまくいかないのには、ちゃんとした理由がある。

問題は、このやり方では心の肥だめをきれいにできないことだ。ある道を選べば、別のイヤな道を進まなくてよくなるわけじゃない。近道はできないのだ。

友だちを呼ぶ前にラグマットの下にゴキブリの死骸を隠すのと同じで、ポジティブシンキングは一見よさそうに思えるが、心の奥底にはまだゴキブリの死骸が残っている。それが人間の精神で、心のラグマットの下にネガティブな感情をさっと掃いて隠しても、私たちはそこにまだ何か――もっと真実に近い何か――が残っているのを自分でわかっている。自分にウソをつきながら、実は、ウソを自分で信じていない。自分との化かし合いだ。

この本では、そうした心のラグマットの下に入り込む。隠れた感情のゴキブリを見つけ出し、自分を解放し、自分らしく生きているふりをするんじゃなく、本当の自分らしさを手に入れる。もちろん、心の持ちようは行動で変えられることは前の本で紹介済みだが、

**すべての鍵は「言葉」だ。**

人間は、一時に2つの自分にはなれない。怒りながら同時に愛情は示せない。どちらか一方だけだ。許しながら憎んだり、冷たくしながら同情したりも不可能で、ある瞬間になれる自分はたったひとつに限定される。だから、本当の自分を見つけ出そう。

## 答えはあなた自身の中にある

本題に入る前に、『あなたはあなたが使っている言葉でできている』を読んだ人から、私自身のことがあまり書いてないじゃないかという意見をもらったので、ここで補足したい。

私はスコットランド出身だ。英語は完全なスコットランドなまりで、キルトとひどい天気を愛おしく思っている。

私が大好きなのは人々に力を与えることで、みんなの人生が好転するきっかけを作るのをライフワークにしている。

だけどその方法として、あなたはすばらしい人間だとか、いつかあなたにもチャンスがやって来るとか、すべての出来事には理由があるとかいった、一部の人が採り入れている、現代的でニューエイジ的なたわごとを口にしようとは思わない。

私はあなたの脳天めがけて率直に言いたいことを言う。**問題はあなた自身で、解決策もあなた自身だと**。


それに私は、歴史上の哲学者や学者、科学者、優れた頭脳の持ち主たちを悩ませてきた問題を、自分なら解決できると思うほど傲慢でもない。

私が目指すのはただひとつ、**ひとりの人間の人生に違いをもたらすことだ**。そう、あなたの人生に。それがすべてで、もしあなたがこの本を読んで、学んだことを自分の伴侶や父親、上司、いとこ、元恋人にどう応用しようかと思っているなら、それは完全に的外れな行動だ。


**この本はあなたのための、あなただけに意味を持つもの**だ。

それ以上でも以下でもない。

では、具体的にはこの本はなんなのか。

まず、この本はあなたの考え方を揺さぶる短くて強烈な一撃だ。

すべての答えをここで示すことはできない。**答えは常に、あなたの内から湧き上がる。**

この本は火付け役、つまり疑問とものの見方を提示してあなたの心の何かに炎をともし、人生に新しい姿勢で立ち向かうきっかけを作るものだ。


あなたが探し求めているインスピレーションやモチベーション、パッションといったものを手に入れられるかは、すべて自分にかかっている。

それはこれまでも、今も、これからも変わらない。


望みの人生を送れるかは、自分がその選択の当事者になれるかで決まってくる。

この本は自己発見の航海であり、
思考を通じて自分の正体を
暴いていく道のりだ。
自分の過去が理解できたとき、
人生の行く末を変える
チャンスが訪れる。

## 「自動操縦モード」から抜け出そう

この本では、「街の哲学」という私独自のブランドに基づいて、話を進めていく。「哲学」と呼ぶのは、その名のとおり見方や視点を示したものだからだ。生き生きとした人間らしい人生とはどういうものか。困難や恐怖、苦労を乗り越えて、安定した幸せと成功を手に入れるにはどうすればいいのか。

また「街」とつけたのは、自分が育ったグラスゴーの灰色の街で何より多くのことを学んだからだ。そこはシンプルなルールが息づき、合理的な結果が出る場所だった。

これが私の生み出したモデルだ。たくさんの分野のアプローチに目を通し、数々の哲学者を研究して、自分にとって納得のいく理論を取り込みながら練り上げていったものだ。以来、クライアントに対して、この方式を実践し、真実へ到達し、自分の正体を突き止めたときには、すさまじい変化を起こせるのを目の当たりにしている。

**私が考えたのは、あなたを助ける方法だ。自分という人間を見つめ、自分で自分の人生を破壊している仕組みを理解し、泥沼から抜け出す本当の方法を見つけて、永遠の自由を**

**手に入れる方法だ。**

最初は混乱したり、納得がいかなかったりするかもしれない。それは仕方がない。私の言葉の中には、常識では直感的に受け入れられないものもあるかもしれないので、注意してほしい。しかし、そこがこの本のポイントでもある。

この本には汚い言葉も登場する。もう使ったし、これからも出てくる。

私は味気ないものになりがちな日常会話に欠かせない、罵り言葉という調味料を気に入っている。ほんの少しの汚い言葉も許せない人には「この本を閉じてください」と言うしかないが、**あなたには何より私の言葉が必要だ。**だから、集中して読んでほしい。

私のねらいもはっきりさせておこう。

私がここで目指すのは知識、それも本物の、濃厚な、人生を変える知識を与えることだ。それを使い、考えて考えて考えまくれば、あなたも混乱の渦から抜け出し、自分を傷つけるのをやめられる。

私の言う「考える」とは、あなたがいつも車にガソリンを入れたり、大好きなバナナとベーコンを挟んだサンドイッチ（本当に好きかは別として）を作ったりしながらやる、ぼんやりしたグダグダのものじゃなく、なんらかの意見に腰を据えて意図的に取り組むことだ。

本当の意味で何かを考えるには、今の自分の枠組み、つまり常識に異を唱え、邪魔をしないといけない。


こうした思考の仕方は簡単じゃない。

一種の心のストレッチで、今まで考えないようにしていた、もしくはうわべでしか考えてこなかった何かを無理やりにでも考え、それと自分の人生をつなげる作業をしないといけない。

思考とは、これまでの流れを阻害する行為だ。**人生の本物のブレイクスルーは、自分自身や出来事に対する自動的な反応、つまり「自動操縦モード」から抜け出してはじめて可能になる。**

ドイツの哲学者マルティン・ハイデガーは言う。

**「思索の際に最も思索をうながすもの、それはまだ考えていないものだ」**と。

## 本気で考えよう

あなたは本当の意味で考えていない。そう。さっきも言ったとおりだ。

何も、今ダイソンの掃除機をフルパワーでかけたみたいな勢いで飲み下している、Lサイズのソイラテをあなたの喉に詰まらせたいわけじゃない。私たちは人生に新たな活力を吹き込む本当の思考をほとんどせず、インスタグラムの投稿のスワイプに時間を費やしてばかりだと言いたいのだ。

しかし、この本を通じて本気で思考すれば、きっと自分を理解できるようになる。そのあとどうするかはあなた次第だが、私としては、それで終わりにしないでもらいたい。自分が理解できたら、いまいましい人生を変えることもできるはずだ。

だけど、**答えは外から与えられるものじゃない。これはあなたの人生で、がんばるのはあなただ。**

私の意見にかみついてもいいし、私の意見に従ってこれまでの自分にかみつくのもいい。それぞれ別の結果が待っているだろう。どちらを選べば人生が変わるか、どちらを選べば空回りの人生が続くかは、言うまでもない。

最初にやるべきは、目を覚ますことだ。

**あなたは、日常のほとんどを「自動操縦モード」で過ごしている。**仕事の行き帰りで高速の出口を見逃し、ズボンや靴、ジャケットを毎回同じように着て、同じように歯を磨き、人生をただこなしているだけなのが証拠だ。何も考えずにやっているのだ。

あなたには緊張感が足りず、自分のポテンシャルに目覚めていない。自分を心から輝かせるものに気づかず、人生を価値あるものに変える何かとも触れ合えずにいる。

「目覚めた」と思っても、実はまだ眠ったままなのだ。人生の最後に、自分の本質に目覚める人もいるかもしれないが、それじゃあまりにも遅すぎる。

だから少なくとも、そのことについては目を覚ましてほしい。

読んでいて、自分のこれまでの信念という錨《いかり》を外し、鎖を引きちぎらなくちゃならないと感じた人もいるだろう。それでかまわない。死ぬわけじゃないんだから、勇気を出してジャンプしよう。

ここでちょっとしたアドバイスだ。読み進める中で、この本の活用方法を知りたいと思うことがあるだろう。そんなときは、**自分が今何をやっているかをチェックしよう。**

オススメは、本を何回かに分けて読むことだ。私の提案を心のフィルターでじっくりろ過し、メモを取り、必要だと思う部分をハイライトして、ときどき深呼吸するタイミングを作ってほしい。

結局のところ、これからやるのは自分で自分を破壊するという悪い癖の矯正だ。願望という肥沃で楽しい大地をめぐるわけじゃないし、どちらかと言えば、何十年にもわたる望まない戦いや、充実感のなさ、人生のいい部分を壊し続けてきた自分と向き合わないといけない。

それは、気持ちのいい道のりにはならないかもしれない。

残念ながら、中にはひどい発見がいくつもある人もいるだろう。

そこはユートピアじゃないし、ユニコーンもいない。それどころか、親身になって話を聞いてくれる人もいない。そういった場所へたどり着ける日が来ないわけじゃないが、今はまだ違う。

だけど、約束しよう。

もし最後までがんばり、本当の思考をし、
自分の無意識の行動原理を見つけ、
この本の考え方を身につけたなら、
その暁にはきっとかつてないほど
自分のことがよく理解でき、
人生を取り戻すのに必要なものが
手に入るはずだ。

自己破壊のサイクルは邪魔できる。
じゃあ、始めていこう。

# PART 2

# 無意識の「思い込み」

『正しくありたいという欲望ほど、人を傷つけるものはない。』

## あなたは自分を傷つけながら生きている

「自己破壊《セルフサボタージュ》」という言葉がある。具体的にどういう意味だろうか。

『メリアムウェブスター辞典』の「サボタージュ」の項目には、こんな意味が書いてある。

**「国家の戦争努力を妨げようという市民、もしくは敵対勢力による破壊、妨害活動。または何かを妨げ、傷つける傾向のある行動や過程、もしくは意図的な反乱」**

だけど自己破壊の場合、戦うべきは「敵対勢力」じゃなく自分自身なのかもしれない。

**自己破壊は、自分で自分を傷つける行為で、人生のいい部分すべてをひっくり返してダメにしてしまう。**

それでも、意図的な破壊であることに変わりはない。100パーセント意図的な行為だ。

あなたが人生という、かび臭い廊下ですれ違ってきた人たちの中にも、振り返れば自分自身の人生を破壊していた人がいるかもしれない。

他者の転落の度合いを測るほうが、自分自身を見つめるよりずっと簡単だろう。

叔父がドラッグやアルコールにおぼれて、どうやっても抜け出せない自己破壊の無限ループにはまっていた人もいるかもしれない。旧友がギャンブル癖や借金苦のせいで貯蓄や家、場合によっては家族をなくしたという人もいるかもしれない。兄弟姉妹が体に悪い食べ物に夢中で、命の危険が生じるほど体重が際限なく増えているという人はいるだろうか。甥が20代、30代、40代になっても両親と暮らし、現実世界で実績を残すことも、自立することもできず、ゲームやアダルト動画というデジタルの世界に逃げ込んでいる人はいるだろうか。あるいは、自分自身がこうした問題を抱えているという人もいるかもしれない。

今挙げたのはどれも自己破壊の典型例だ。

ところが、典型的ではない破壊の仕方もたくさんある。

読んでいて、自分はそんなにひどい状態じゃないと思った人もいるかもしれない。もちろん、たいていの人は自分の悩みや悪い癖を把握している。だから、仕事で実績を残し、自分に合ったパートナーを見つけ、脂肪を取りすぎた影響も左の足首くらいにしか現れてないだろう。テレビを観る時間を削ってもっと本を読み、体を絞ろうと思っているだろう。

こうした振る舞いは、自分をひっくり返すようなものじゃない……のだろうか。

ここに大事なポイントがある。

私の言う「自己破壊」は、一目瞭然の行為に限ったものじゃない。自己破壊はちょっとした形で1日のうちに何度も起こる、人間がほとんどひっきりなしにやっていることだ。

それは朝になかなか起きられないとか、集合場所に少し遅刻しがちだとかいった、ちょっとしたものの場合もある。

軽い遅刻なら確かに大きな問題じゃない。ひもを結んでいない靴に足を突っ込み、家を飛び出し、5分か10分遅れるだけだ。それでも、遅刻しているのに変わりはない。

朝食を抜いて栄養ドリンクで済ませている人もいるだろう。あるいは、なんでも先延ばしにしがちで、いつも終わらせるのがぎりぎりだけど、そのことをあまり深くは考えないという人もいるかもしれない。

**そうした綱渡りの生き方に思い当たる節はないだろうか。**

それが自分に与える影響をわかっているだろうか。

## ちょっとしたことが自分を破壊する

人間関係で問題がある人もいるだろう。

どうでもいいことで怒ったり、ぐちぐち恨み言をこぼしたり、自分の感情を押し込めてウソをついたりした経験はないだろうか。自分や他者へひどい先入観を抱いたり、父親や母親、友人と疎遠になったりしていないだろうか。それが自己破壊じゃないと言えるか。

実はそういうちょっとしたことが、徐々に人間関係そのものをダメにしていく。誰よりも大切にすべき人との健全なつながりを食い散らかし、揺らがせる。ひどいときは、大事な人をまったく顧みなくなる。

そうやって、人は大事な誰かとのつながりを失いながら、仕方ないと自分を正当化する。そう、正当化だ。**「正しくありたい」という欲望ほど、人を傷つけるものはない。**

これを自己破壊と呼ばずして、なんと呼べばいいのだろう。

まったく正反対の行動を取る人もいる。傷つくのが怖いからと、相手をだましたり、パートナーと別れたりといったひねくれた方法を取る人たちだ。妄想に囚われて嫉妬の鬼になり、つながりがまったく感じられないほど不満や孤立感を強める人もいる。思い当たる節がある人もいるかもしれない。
そうした性格は、人生をどんなものにしただろうか。

健康面では、自己破壊は体によくないものをよくない時間に食べたり、運動の予定をサボったり、日々の細々とした雑事を動かないことの言い訳にしたりといった形で現れる。私たちは「あとちょっとだけ」と言ってタバコを吸い、ワインを飲み、チーズケーキを食べ（結局、あとちょっとでは済まず、すべて食べてしまう）、医者の予約や定期検診をすっぽかし、体の状態や体の声を無視する。

もう一度言うが、これらはどれも極端な例じゃない。たいていはちょっとした悪癖で、だからこそ私たちは自分が何をしているのか、なぜしているのかに気づきもしない。まずいとは気づいていても、自分を予想どおりの方向へ引きずり込もうとするもっと大きなパターンの一部だとは理解できていない。
それは、今の人生を永久に続けさせようというパターンだ。

歯医者の予約を1回逃したり、チョコレートケーキをあとひと切れ食べたりはたいしたことじゃないように思えるかもしれないが、実はそうじゃない。もしかしたらそれは、あなたが少なくとも意識のレベルでは気づいていない、大きな罠の一部かもしれない。

そう、こうした自分を破壊する行動は、もっと大きな、人生のあらゆる部分に影響を及ぼす何かの産物なのだ。

**自分の心に張られた罠を抜け出せる人がほとんどいないのには理由がある。日々の暮らしの中では特に問題ないように思えるからだ。**

一歩下がって考えてほしい。

朝きちんと起きるといったささいなことにさえ苦戦していたら、大きな夢を実現するのがほとんど不可能に思えるのも無理はない。いや、本当に。

そういう人は、一方では作家になりたいとか、社長になりたいとか、学校に通い直したいとか言いながら、もう一方では1回目のアラームで起きることを大目標に掲げ、携帯電話にかじりつく時間を減らすという意味のない戦いに人生を費やしてしまっている。

まずは、そのことに気づかなければならない。

## 無意識の思考が人生を決めている

自分の胸に問いかけてみてほしい。

キャリアアップを果たしたいと本気で思っているなら、どうして朝きちんと起きるといった小さなことでいっぱいいっぱいになっているのか。どうして無意味なことに囚われ、山を動かすような大仕事、つまり本当の意味で前進し、大きな成果を挙げ、本当の目的を見つけるといった課題に取り組み、行動を起こすことができないのか。

最高の愛を見つけたいと本気で思っているのに、人間関係の小さな部分にごちゃごちゃ文句を言い続け、目の前で関係をこじらせているのはなぜなのか。健康になりたい、ダイエットしたいと本気で思っているのに、口にした変化を実際の行動に移す段階になると、ぐだぐだと時間を無駄にして、いつものだらけた自分に逆戻りしてしまうのはなぜなのか。

いつもどおりの人生の「下道」を行きたい誘惑に駆られている中で、立ち上がって偉大な自分を目指すには強い意欲が必要だが、その意欲が手に入る魔法の薬は存在しない。

飛び抜けた人生を送りたいと本気で思っているなら、いつもどおりのやり方を繰り返していてはいけない。

これは気持ちとか姿勢とかいったあいまいなものじゃなく、人生の特定のエリアに対する自分なりの率直極まりないアプローチと言ったほうが近い。

気後れしたなら、この言葉をもう一度見直してほしい。あなたはこの言葉に元気をもらい、刺激されなくてはいけない。

自分に真実を伝えるのは決して簡単じゃないが、それこそが「自己破壊」という無意識の罠から抜け出す絶対確実な方法になる。それなのに、自分を顧みるのがこんなにも難しいのは、あなたが自分をだます詐欺師で、そしてだまされることを望んでいるからだ。

そうやって、人は人生の問題を2つの結論へ凝縮する。

うまくいかないのは性格に問題があるからだと信じ込むか、もしくは問題の原因を外に求めるか。そして、問題を解決できるかはもっとがんばるか、運が向いてくるか、もっと知識を増やすかの問題にすぎないと思い込む。正しいビジネスを始められていなかっただけとか、正しい人に会えていなかっただけとか、正しい食生活を見つけられていなかっただけだと思い込む。

しかし、実際には、**私たちが意識のレベルで「こうしたい」と思っている内容と、無意識の底にある行動原理はたいてい一致していない。**

マルクス・アウレリウスが最初は個人的な記録帳として始め、のちに有名な哲学書となった『自省録』にはこうある。

**「魂は思考の色に染まる」**

現代人の魂は、生まれてから抱いてきた思考や印象、夢といった数々の色が染み込んだ絞り染めの織物だ。服を染めるのに色を染み込ませる必要があるのと同じように、**思考が無意識という心の奥底に染みついている。**

しかもそこは、たいてい自分が望んだ色に染まっていない。

魂を染める色、言い換えるなら、**無意識の底にこびりついた自分ルールが、あなたの人生の道行きを決めている。**決めているのはがんばりでも、状況でも、ましてや運なんてものでもないのだ。

幸運は、成功とは何かを自分で決められない人のためのものだ。成功の定義がはっきりつかめていなかったら、再現性が低いのは当たり前だ。

## 「3つの思い込み」が人生を台なしにする

心の中の自己破壊ゲームを止めたいなら、まずは相手の正体を体系的に明らかにし、それから自分自身の思考との対話を止める必要がある。

それも表面的な思考じゃなく、心の奥の深く暗い場所で繰り返す会話だ。精神という檻《おり》の中に響き渡り、本人の思考や感情のすべてを支配する会話。そうしたラグマットの下のものをのぞいてみないといけない。

そうすることで、ついに「3つの思い込み」の正体が明らかになる。

**3つの思い込みとは、人生に長期的で甚大なダメージを与えるシンプルな心の声を指す。**これは、あなた自身と他者、人生そのものに対する根本的な考え方だ。

信じられないかもしれないが、その3つの思い込みが判明すれば、自分という存在が解き明かされていく。

これは事実だ。ここからあなたは私の助けを借りながら、なぜ今みたいな状態になったかだけでなく、自分だけの3つの思い込みを明らかにしていく。

そして、どんな経緯で3つの思い込みが誕生したのかも解き明かすことになる。その3つが人生にどんな（密かな）影響を与えているかもあぶり出し、その肥だめからどうすれば抜け出せるかも明らかにしていく。

自分の人生はなぜこうなのか。

そうした「なぜ」で頭がいっぱいの人たち向けの答えを私も持っていないわけじゃない。だけど、そうやって答えをしきりに求める行為そのものが、多くの意味で、満足のいく答えが絶対に見つからない理由になっている。

なんでかって？　もう勘弁してくれ！

私がやるのは、あなたの中の自己破壊の仕組みを解き明かすことだ。

最初は人生を見つめ直すことから始めて、だんだんと槍の穂先に迫っていく。**始めるのは今日からだ。**

最初のいくつかのパートでは、人間はそもそも自分を傷つけがちな生き物であること、さらに人生をめちゃめちゃにする行為を単体で解釈してはいけない理由を解説する。

人生では、いくつかの出来事が特定の順番で起こる。その中には、全人類に共通の出来事もあれば、あなただけのものもある。

この本では、あなたの人生の経過を明らかにしていこう。

これはなかなか大変な作業で、読み進める中でショックに打ちのめされたり、混乱して怖くなったりすることもあるだろう。それでいい。

**大切なのは逃げ出さないこと。やりきろう。その先にはずっと待ち望んでいた、だけど絶対に手に入らなかった人生が待っている。本当だ。**

ここで私と一緒に、今までの自分とこれからの自分にきっぱり線引きをしよう。

もしかしたら、そのために必要な努力と、今までの人生で費やしてきた努力が同じくらいの量になる人もいる。この言葉だけで、人生が変わる人もいるかもしれない。

頭を、深い砂の中、あるいは自分の体の中からでも、どこからでも出して、この本で得た学びを総動員して自分を変えていこう。少なくともそれくらいはできるはずだ。

野心なくして人は何も始められない。
努力なくしては何も終えられない。
見返りは与えられるものではなく、勝ち取るものだ。
——ラルフ・ワルド・エマーソン（アメリカの哲学者）

ＯＫ、じゃあ始めていこう。

# PART 3

# 思考パターンを理解する

『私たちは新しい何かを
求めながら、それでいて
なじみの何かにふけっている。
それが人生と呼ぶものだ。』

## 自分との対話と行動パターンに目を向けよう

この本の着想は、シンプルな自分への疑問から始まっている。なぜ自分の人生はこうなのか、だ。

今から振り返れば、私の人生は、いくつかの部分で不幸な方向へ向かっていた。理由はどうあれ、それが必然のように思えた。

しくしくするおなかに、家計、一部の人との関係。何年も山のように仕事をこなしても、口座の残高は一向にプラスにならない。自己啓発書を読んで、貧乏人から大金持ちになったトニー・ロビンズのように、自分も自家用ヘリやジェット、潜水艦を手に入れる生活を夢見ていたのに、これはいったいどういうことか。

人生のそうした部分で、ほとんど変化を起こせなかったのはなぜだろう。お金を稼いでいないわけじゃないのに、なかなか貯金が増えていかないのはどういうわけか。体の絞り方を知らないわけじゃないのに、いつもダイエットが長続きしないのはなぜなのか。

どんなにがんばっても勝ったり負けたりのサイクルから抜け出せず、気づけば一周してスタート地点に戻っている。人生という名のヨーヨーを回しているうちに、むしろ後退していることもあった。

堂々巡りの同じ罠にはまり、同じ間違いを繰り返していることに気づいても、状況は変わらなかった。私だってどうしようもない大間抜けというわけじゃない。何がいけないかくらいわかっていた。

それでも、どれだけ努力しても同じことの繰り返しを強いられ、それに対して自分は無力だった。これはいったいどういうことか。自分が何をしたいかはわかっているのに、今までどおりの行動パターンに陥り、いつもの破滅的で破綻した行動に逆戻りしてしまっていた。

こういうときは、ひとつ深呼吸をして、いくつかのことを自問するのがいいのかもしれない。**なぜそんな行動を取るのかを、ありきたりな答えの枠を超えて、よく考えるのだ。**

今の生き方を続けていたら自分の人生はどこへ向かうのかを、未来図なんてぼんやりしたものじゃなく、この先にある現実的な姿として思い描く。

答えるのが難しい疑問もあるかもしれないが、そこを深く掘り下げることが、自己破壊の罠から抜け出す道につながる。

前のパートでは、自己破壊的な行動は巨大で極端なものとは限らないと言った。**重要なのは、人間が日々、いろいろな形で少しずつ自分を傷つけている事実に気づくことだ。**問題を認識できなければ対処するのは難しいが、それでも密かな自己破壊の行動パターンが破滅的な行動につながるのは理解しておく必要がある。それは結婚生活が破綻し、家族がばらばらになり、ドラッグやアルコール、ギャンブル、セックスにおぼれる要因になる。まっとうな人生を台なしにする危険な振る舞いの数々の呼び水になる。

普通に考えれば、そんなふうに人生を思い切りぶち壊しにできる人はいない。ところが、あなたはそれをやっている。

人材開発担当としての私の仕事は、人生を変える力を手に入れるヒントをみんなに与えることだった。その過程で、自分を傷つける振る舞いのサイクルにはまり、冷たい光の下で、「なりたい自分」と正反対の状況にいる人を多く目にしてきた。たくさんの男女が、近視眼的な自分との対話《セルフトーク》とお決まりの行動パターンの奔流に呑まれ、今までどおりの堂々巡りの人生を続けている。

そういう人は、どれだけ人生が軌道に乗っているように思えても、いずれ道を踏み外す運命にある。

私たちはみな、何かを築くそばからそれを燃やしている。そして、そのことに疲れている。

## 意志力で人生は変えられない

人生の軌道修正を図る方法として、必要なのは「意志力」や「節制」だという一般論をたまに目にするが(「精神的な強さ」は最も定番だ)、そんなのは自分の人生に本当の変化が足りていないことの確認にしかならない。

こうした言葉は完全なる役立たずだ。これでは変化などまったく起こせない。

そもそも「意志力」とはなんだろうか。感覚? 感情? 気分? 「節制」もよくわからない。考え方なのか、行動なのか、やっぱり感覚なのか。それとも車のバンパーにステッカーとして貼り、すぐに思いつくようにしている自己啓発のスローガンなのか。

節制が何を意味するのかを少し考えてみてほしい。私たちはこうした言葉を、たいして意味を確かめもせずに使いがちだ。

私は、人生に本当の意味での違いをもたらしたいなら、こうした狭い考えはちっとも役に立たないと確信している。

新しいクライアントの口からは「ちょっとした自制心が必要なんです」とか「自分は意志力が弱くて」といった言葉がよく飛び出してくるが、そんなのは迷信だ。原付でひいてしまっても気づきもしないような代物だ。そうした答えばかりを求めるのは、1ガロン4ドルの泥水を車のガソリン代わりにしたり、銀行の親切そうに見える女性から、レシートの裏紙で作ったお金を受け取っているようなものだ。つまり、お笑いぐさだ。

たとえばあなたが世界一、物事を先延ばしにしがちなタイプだったとして、誰かから「でしたらこれからは1日2錠、意志力を服用してください」と言われて、そのとおりにした途端に世界が開け、人生が飛躍し、日曜の午後にソファーに寝そべりながらつまむシュガーフリーのお菓子みたいに、目標が次から次へと口へ放り込まれてくるわけがない。

怠けがちな性格を直すには自制心が必要だとわかったからといって、それで何かが解決するはずもなく、実際にはそれまでと同じ行き詰まった人生が続くだけでしかない。

「あー、ですが自制心の本を買っちゃったもんで、読もうと思ってるんですよ……来週あたりに」

ふぅ。そう。そうやってあなたは、今度は別の何かを先延ばしにしている。だからサイクルが止まらない。繰り返すが、人生の現状を説明する言葉が見つかっただけじゃ足りない。

そして、**これまでとの違いを作り出していないなら、そのわかったと思っている情報は、なんの解決にもなっていない。**

## 先延ばしにしがちな人間なんていない

自制なんていうのは、気分が乗らなかったら口先だけのものにしかならない。

言い換えるなら、**最高に暗い気分のときこそ、前向きに行動しよう**ということだ。

私の言う「行動」とは、何かをする「ふり」じゃなく、本気で動くことだ。エネルギーや前向きな気持ち、熱意が溢れ出るのを待ちたいなら、それでもいいが、きっとそれにはずいぶん時間がかかるだろう。

では、実はあなたは先延ばしにしがちなタイプなんかじゃないとしたらどうだろう。

それとはまったく別のものだと言ったら信じられるだろうか。

ヒントを出そう。……いや、前言撤回。ヒントなんてやめて、はっきり答えを言おう。

実はこの世には、先延ばしにしがちな人間なんていない。そんな人はいない。それはあくまで説明やカテゴリーでしかない。ある事柄に対して、先延ばしにしてしまうときがあるというだけの話だ。


つまり、**問題なのは「先延ばしにしがち」という性質ではなく、「先延ばしにしている」という行動なのだ。そして、なんらかの行動が問題なら、行動を変える必要がある。**

問題は、個人的な状態や苦痛といった「抱えているもの」じゃないし、それは病気なんかじゃない。


必要な行動は、テレビを観るのをやめて、メールを返信するだけの単純なことかもしれない。

そこにあるのは、人生の偉大なる神秘なんかじゃない。

世の「専門家」とやらは、あなたの気分をよくするのに必要な共感や承認を申し出る。対して私は、人生を実際に好転させる選択肢を提示する。非常につらい選択肢を示す場合もある。

だけど、あなたはこれまで人生でいくつも大きなことを成し遂げてきて、それには必ず一定の不快感や痛み、重圧が伴ったはずだ。人生とはそういうもので、何かを成し遂げたいなら、ちょっと無理をして苦しむものだ。場合によっては圧倒される経験をしなくてはならない。

多くの場面で、「人生を変えるのは、気持ちのいい過程でなければならない」と全力で強調する行為そのものが、あなたを押しつぶしている。

**成長、それも急激な成長には痛みが伴う。**ときには激しく痛むこともあるだろう。

---

状況をこれ以上変えられないなら、自分自身を変えるしかない。

——ヴィクトール・フランクル（オーストリアの精神科医）

---

## 何度も同じ間違いを繰り返していないか？

人生をある方向へ持っていこうとがんばっているのに、磁石に吸い寄せられるみたいになぜかまったく別の方向へ向かってしまうことがあるなら、がんばり方が間違っているのかもしれない。

望みのものを手に入れたいといつも格闘しているのに、ぬるぬる滑ってなかなか手に入れられない感覚はないだろうか。

体型やお金、愛のある生活、充実したキャリアを求めて何度も奮闘しているのに、かすかな光を目にしたかと思うと、すべてが霧散してしまう。そういう人は多くの意味で、**自分自身という名の自己破壊のサイクルにはまっている。**

インスタグラムに載せている最高に輝かしく理想的で、自由で素敵な自分じゃなく、斜にかまえたくそったれの、最悪の敵とも言えるよく見知った自分。そうした自分だ。

私の言っていることがよくわかるという人もいるはずだ。何もかもがすっかりうまくいっているように思えるときに限って、手榴弾を投げてドカンとすべてを吹き飛ばしてしまう。そんな自分を止められない。

もうひとりのやっかいな自分と「うまくやっている」ように思えても、少しあとにはいきなり関係が破綻して、あわててタクシードライバーに「ここから連れ出してくれ」と助けを求める羽目になる。そのあと、あなたが落ち着くともうひとりの自分も落ち着いて、そこであなたたちはお互いにもごもごと謝罪の言葉を口にして、ピザを注文して関係の修復を図る。そして、どうにか水に流せたように思うが、実際には流せておらず、どちらも次の爆発を待っている。爆発は必ず起こる。次も、その次も。何度でも。


そうやって、あなたは仲直りのピザに毎月お金を費やしているのに、手榴弾はウォルマートで買ってきた安物の簡易エアーベッドを上回るペースでまた膨らんでいる。言い争いもまた始まっている。

それもこれも、もうひとりの自分がお決まりの常套句《じょうとうく》を口にするのを止められないからだ。**言っちゃいけないとわかっているのに、すべてを台なしにする言葉を口にしてしまう。**

そこであなたはもうひとりの自分に立ち向かい、「意志力」と「自制心」という双子の悪魔をまた持ち出して、いつも以上にがんばり、栄養のある物を食べ、1週間で農場2面分以上もの野菜を平らげる。

それでもまた手榴弾のピンを抜いてしまうものだから、食べないと自分に約束していたはずのピザがひと切れ、あなたの手には魔法のようにいつの間にか乗っかっていて、自分でも気づかないうちに口元へ運ばれている。

こうなってくると、問題はすでにもうひとりの自分ではなくピザになっていて、戦いの舞台も移り変わっている。今度の敵は糖質だ。


一生懸命がんばって夢の仕事に就いたのに、働き始めてから6カ月でまたしても足がむずがゆくなり始めた人もいるかもしれない。あるいは、クレジットカードの支払いができていることを誇らしく思っていたのに、若いんだから一度くらい、こんなに働いたんだから少しくらい使ってもいいじゃないかと、また何もかもをご破算にしてしまった人もいるだろう。

どうやら**「若気の至り」は40代になっても、あるいはもっと歳を取っても使える魔法の言葉のようだ。**

10代や20代、30代の人にも、そうした頭のおかしくなりそうな人生が待ち構えている可能性がある。笑っていないで、その事実を1分ばかりよく考えてほしい。

ほかでもない自分の人生が、人生とは名ばかりの「ゲーム」、すなわち自己破壊と復興を絶えず繰り返すサイクルを、「無意識」に用意し続けるためだけのものだとしたら？

# 「予測」に長けた生存マシン

人生が全然うまくいかないのは、正しい人に出会えず、正しいキャリアや情熱の対象を見つけられず、勇気や自信、聡明さ、休みが足りなかったせいだと自分に説明しているからだとしたら……。

完全に意図的な、同じ結果を何度も何度も繰り返すことを目的としたおなじみの準備作業が原因なのだとしたら……。

自分との対話は人を停滞させる罠だが、その一方で目には見えないから、人は停滞の原因が「無意識」の世界にあるのに気づかず、まったく見当違いの場所に目を向けて、答えを探す作業に人生を費やしてしまう。

想像力と意志力がぶつかり、相対したとき、勝つのは例外なく想像力である。

――エミール・クーエ（フランスの心理学者）

19世紀の心理学者であるエミール・クーエの言う「想像力」とは、現代で言う「無意識」のことだ。

そして彼の言う「意志力」は意識や「意識的な思考」を指す。この2つがバッティングしたとき、**勝つのは必ず「無意識」**だ。

であるなら、人は破壊と復興のサイクルというゲームを常に繰り返すことを運命づけられているのだろうか。永遠に負け続けるしかないのだろうか。

だとしたら、どんよりした気分になる。しかし私たちはまず、何が人類を成功に導き、ここまで生存させてきたのかを知る必要がある。

生存の理論では、生き残るのは一番強い者や環境に適応した者、賢い者だと言われるが、実はそうではない。

それは恐竜を見ただけでもわかる。恐竜の中には強い種類も賢い種類もいたが、どれも絶滅を逃れられなかった。

では、生き残るのは誰なのか。

それは予測がうまい者だ。**変化を一番正確に予測できる者が、その変化に適応して生き残ることができる。**

うれしいことに、人間は予測に長けた生存マシンだ。だからこそ、私たちは種としてここまで長く存続できた。物事を事前に予見する能力があったから、自分を調整して安全を保てた。

予測のために、人間はさまざまなことを覚え込み、記録する。何がよくて何がダメか、何が正しくて何が間違っているか、何がうまくいき何がうまくいかないか。それを巨大な記憶の枝を通じて無意識に保存し、必要があれば参考や指針にする。

そうやって人はいつも記録を取り、なじみのある事柄から今後の方向性を予測し、慣れ親しんだ人生を送ろうとするのだ。

たとえば、月曜の朝が毎週同じように感じるのは、これから何が起こるかがあらかじめ予測できるからだ。人間社会では、そうした予測主義が至るところに浸透している。

また、初デートで相手が遅刻してきて、服装もいまいちだったとする。すると、こんな予測が立つ。

「あの人、全然そういうのを気にしてないみたい。こんな人と一緒に過ごすなんて考えられない。サヨナラ」

……とこんな感じになる。15分の遅刻にスニーカー履きの時点で不合格、というわけだ。

予測能力は生存の確率を高める。この場合、あなたはその相手と一緒にいても完全に時間の無駄でしかなく、精神衛生上よくないから、結婚や長い関係に至る前にとっとと手を引くことができるようになる。これまで付き合ってきた人たちがみんな申し分のない恋人だったことが、正確な予測力の土台だ。

まったくもってそのとおり……なんだろうか。

## 予測可能な人生でいいのか？

**人間関係、経済、天気、政治、健康、キャリアでも、人はあらゆることを予測する。そして、今後の展開に関する意見を持つ。**

そのプロセスはすべて自動的に、無意識下で瞬時に実行される。予測がつくからと、あらかじめ時間の無駄だと判断してそもそも立ち向かわない事柄もある。

ところが、この生存のための予測力を何もかもに適用したらどうなるだろう。

書きたい本（執筆のいろはもわからないんだから失敗すること間違いなし）に、立ち上げたい新ビジネス（リスキーすぎるし、すべてを失う恐れがある）、バリ島移住の夢（もっとお金を貯めないとうまくいかない）、新しいキャリア（いつか新しい役割を受け入れる準備ができるのかもしれないが、今の自分には荷が重い）、幸せな結婚（もう同じ間違いは犯したくないから、「運命の人」が見つかるまで誰とも付き合わない）。

頭の中という閉鎖空間の自動的な反応として、描き出せる予測には際限がない。


「難しすぎる」

「うまくいかない」

「自分には無理だ」

「情報が足りない」

「無駄だ。これじゃ違いは生み出せない」

こんなネガティブな言葉たちが、頭の中でささやきかける。


生存を重視して、長く安全な人生を送りたいなら、無益な解決策に頼りながら同じ問題に何度も向き合い、自分自身のこれまでの感情や不満、体験、すなわち「過去の自分」の意見を活用するほうが賢明なのだ。

そうすれば、少なくとも次に来る展開は毎回予測できる。どんなにくそったれな人生だろうが、生存できるのもわかる。

そこには、よく知らないものや不確かなもの、予想外の出来事、未知の脅威などがひとつもなく、たどるべき予測可能な1本の道だけがある。

そうやってあなたは、人生のあらゆる状況に同じ目と耳を向け、おなじみの自分の感情の激発というちょっとした暴風雨の中でぐるぐると回り続けている。

**本当は状況が変わっているのに、ものの見方や対処の仕方、予測の仕方が変わっていないのだ。**問題は、そうした生存のための自動的な予測がひっそり行われることにある。

## リスクを恐れるな

しかし、人間はおもしろい生き物で、たいていの人は安全な予想どおりの人生を送るだけでは満足できない。

人は刺激を求める。冒険や情熱を求める。安全とリスクの交差点で、予想のつく安全な人生に惹かれながら、同時に新しいものを追い求め、今まで以上の自分になりたいと思う。変化を渇望しつつ、同時に安全確実で生存可能な人生を続けたいという思いにも囚われている。判断を求められる場面や失敗の確率をできるだけ少なくし、痛みや不確実な状況、大きな変化という混沌をできるだけ避けようとする。

どんなときも、最後に勝つのは安全だ。生存こそが絶対の勝者だ。

それが、私たちが人生と呼ぶものだ。

私たちは新しいものを求めながら、それでいてなじみの何かにふけっている。そのなじみの何かが、食器を洗ったあとの水みたいに濁っていても……。

**人は既知の状況を手に入れるためなら、代わりに喜んで目標をあきらめる。**今、この瞬間もそのトレードオフを続けている。

人間関係に満足がいかない人や、望まないキャリアを強いられている人が、本当の意味でメスを入れなくてはならないのはそこなのだ。問題はこのトレードオフで、子どもや家族、お金、リスク、他人に対する思い込みといったあれこれの下には、必ずこの生存本能がある。

安全に対する欲求は、生き生きとした人生を送りたいという願いに勝るパワーを持っている。予測可能かどうかも、喜びや愛、自由、夢の人生を求める気持ちを上回る。

**予測という自動的な反応に気づきにくいのは、その罠を直接確認することが絶対にできないからだ。**人は罠がもたらす結果と付き合いながら生きていくことしかできない。

そうやって、あなたはここまで無意識的な行動を繰り返しながら、相変わらずの人生という閉じた空間に囚われて生きている。

ここで少し、自分の人生を振り返ってみてほしい。

あなたの人生の底流を貫く体験はなんなのか。自分のこれまでの苦闘や決意、勝利、敗北、悲しみ、幸福や充足を目指す意欲、尽きることのない今以上を求める欲求――もっといい仕事が、もっといい体型が、パートナーが、家族が、家が、社会が、服が、人付き合いが、趣味が、目的が、部下がほしい――を振り返ってみて、最終的に浮かび上がるのはどんな事実か。

ここでいったん立ち止まり、その答えを正直に探してほしい。

どうだろうか。

私のクライアントにこの疑問をぶつけると、ほとんどの人が同じ答えを口にする。

「疲れるから勘弁してください」と。

もっとひどい状態の人もいる。

「まあ、いいじゃないですか」と言う人がいるのだ。

……いいわけがない！


覚えておいてほしい。この本を通じて自分を変えていきたいなら、この疑問に自分の状況や実際の経験、自分なりの自己破壊のサイクルを当てはめて、私の言ったことが自分の人生にどれくらい当てはまるかを実感してもらわないといけない。

そして、破滅的な行動の連鎖が今の人生を招いたことを意識しながら、自分の人生の問題を見つめ直してほしい。あなたの人生は、そのための準備作業になっている。そうした振る舞いが、あなたをなじみのある場所にとどまらせ、同じ不満を繰り返させ、過去という重荷を背負わせている。

だから、あなたはいつも同じままで、ときおりちらっとのぞく希望や明るさを救いにしながらも、今よりいい人生を求めてあがく日々にうんざりして生きているわけだ。

**新たな人生や、かつてない新しい結果を本気で求めるなら、リスクを取る必要がある。**

予測可能な自分との対話の波をかき分け、おなじみの感情という氷の檻《おり》を破って、未知の何かに手を伸ばさなくてはいけない。

**危険を冒さずに新しいことはできない。**それだけの話だ。

# PART 4

# 生き方を改める

『あなたは自分で
自分をゴミくずに
堕《お》とした。』

## あなたの人生は、あなた自身が形作った

ここまで読んできて、「自己破壊」と言っても、それは朝起きて自分に「よし、じゃあ今日は友人のダメな部分を見つけて友情を終わりにしよう」とか、「今日はどうやって自分のお財布事情を引っかき回そうか」とか、「パートナーとの関係は最高だから、どうやって結婚生活をぶっ壊そう」などを言い聞かせることじゃないのはわかってもらえたはずだ。

自分にそう語りかけている人がいたなら、この本ではあなたを救えないから、ヨガをオススメする。

では、単なる思いつきにしろ、イカれた計画にしろ、意識的に自分の成功を台なしにし、これまで積み上げてきたものをふいにするプランを積極的に練っていないとするなら、人はいったいどうやって自分を破壊するのだろう。

私はそこに、「無意識」が関係しているのに気づいた。誘惑や衝動、強迫観念。呼び方は何にせよ、あなたは心の奥底から這い出してきたものに突き動かされて行動している。

あなたに何かが足りていないわけじゃない。暗がりに別の何者かがいるから、そうなるのだ。本人は絶対気づかない存在が、パーティーに招待してもいないのにやってくる近所の変わり者のように、いつの間にか潜り込んでいることに問題があるのだ。

とはいえ、今ここで無意識の仕組みは説明しない。

この本は、自己啓発的な精神や神経がどうたらこうたらと述べるような学に関するものじゃない。無意識は現実としてそこにいて、腹話術人形のように本人を操る。

作家にして神経科学者で、スタンフォード大学精神医学・行動科学部の助教授でもあるデイヴィッド・イーグルマンは、「意識という部分、つまり朝、目を覚ましたときにスイッチが入る『自分』は、全体のほんの一部にすぎない」と言っている。**人はおおむね、ほとんど気づきもしないレベルの指令に従って動いている。**

そして無意識は、どんな形にもこねることができる自由な粘土からスタートして、かっちり固定化された予測可能なものに変わっていく。その過程を見ていくとしよう。

あなただって、昔から今みたいじゃなかったはずだ。ずっと前から、くそみたいな人生が「どうでもよく」、心がまひしたようになっていたわけじゃないはずだ。

いつからか、あなたは自分で自分をゴミくずに堕とした。そして「こんなものさ」と肩をすくめ、よろめきながら歩むようになった。

あなたの人生にも、どうしようもなくなる以前には、どんなに短くとも陽光が降り注ぎ、虹のかかる時代があったはずだ。

小学1年生の子どもに、大きくなったら何になりたいかを尋ねてみてほしい。宇宙飛行士やスーパースターになりたいと目を輝かせる子どもたちの中に、離婚し、恋人と別れ、自信のなさや、なんでもダメにしがちな性格に落胆する人生を送りたいという、燃えるような飽くなき欲求を抱いている子どもはいないはずだ。

ところが、今の私たちはどうだろう!

いったいどこで間違えたのか。何がどうなって、自分の人生を壊してばかりの罠にはまったのか。ほとんどの人は、ひと晩でそういう状況に陥るわけじゃない。

一見すると無関係ないくつかの出来事が起こる中で、あなたは考え方を大きく変えていき、最終的にはそこからあなた固有の体験が生まれる。つまり、**あなたの経験や人となり、**

**生き方は、すべてあなたが形作ったものなのだ。**

問題は、その実感が本人にないことだ。本人はただ人生を歩み、自分の道を行き、問題を解決し、目標達成を目指しているように思っているが、実際にはその「生きる」という過程を通じて、あなたは自分自身を形成している。

あなたをここまで進ませてきたのはあなた自身だ。この本では、それが無意識の営みであることを解説する。人がどうやって自分をダメにするか、そしてどうやってそこから抜け出すのかを。

## 人間は「魔法のスポンジ」

まずは時間を巻き戻そう。それも大幅にだ。

いつ生まれたかはそんなに重要じゃない。**重要なのは、どんな人間として生まれたか**だ。

地上に生を受けた時点では、まだ無意識は育まれていないし、もちろん個性なんてものもない。心の中で何度も繰り返し、指針となる自分との根源的な対話も始まっていない。

自分をつぶす自己評価や他人への疑いの目、人生へのあきらめもない。自己破壊もない。

子どもは「小さなスポンジ」だという表現は、かなり的を射ているのではないだろうか。子どもが乾いたスポンジみたいに言葉や新しい経験を吸収するのを目にした人もいるだろう。いろいろな意味で、この比喩は正しいと思っている。

人間はスポンジだと言える。スポンジは触れた水分を吸収し、膨らんでいって最終的には液体でひたひたになる。

では、乾いたままほったらかしにされたスポンジはどうなるか。そう、固くなり、捕まえたゴミを取り込んで離さなくなる。

こんなふうに、人間は無垢な魔法のスポンジとして生まれ、幼いころはあらゆるものを吸収し、取り込む。ところが、歳月が重なっていくと、本人も気づかないうちに、スポンジの中の「ジュース」は乾き、人生は予測可能になり、新しい刺激が足りなくなって、最終的には魔法のスポンジは乾いてかちこちになる。スポンジの穴やすき間、割れ目は取り除けなさそうなゴミでいっぱいになり、汚れて、永久にゴミが詰まったままになる。

これが人間の無意識の仕組みだ。最初は不純物もなくきれいで、どんな形にも変わるのだが、だんだんと固くこわばり、絶対に変わらない自分ルールを、本人の目の届かない心の奥底に沈めていく。

赤ちゃんを思い浮かべるとわかりやすい。赤ちゃんは、直接命に関わることを除けば、周囲の小さな世界を少しも警戒していない。

私の子どもたちの幼いころを思い浮かべても、驚いたことになんの心配もなさそうに過ごしていた。私のほうがずっとやきもきしていた。本人たちは神経症になってもいなければ、うつ状態でもなく、何かを先延ばしにしたり、過剰に分析したりはもちろんしなかったし、なんの悩みもなかった。自分が放り込まれた世界を精いっぱい生きていた。

そしてその人生は、ほとんどの場面で奇跡的だった。あなたの子ども時代もそうだったはずだ。

長男が2歳のときの出来事を、私はきっと一生忘れない。息子はプールに飛び込んでは上がり、飛び込んでは上がりを何度も何度も繰り返していた。顔は喜びと興奮、冒険心で輝いていた。決して満たされることなく、思いはいつまでも衰え知らずだった。

それでも、歳を取れば思いもやがては衰える。何も、2歳の自分に戻れと言っているわけじゃない。シャツによだれをつけ、鼻をほじり、何かイヤなことを命じられたら地団駄を踏めと言ってるわけじゃない。いまだにそういうことをしている人もいるだろうが、それはまったく別の話だ。鼻をほじるのは全然かっこよくない。

私は、**幼いころはすべてがこのうえなくエキサイティングで、純粋だった**と言いたいのだ。そして、何に対しても興味津々だった。ごく小さなものからすさまじく巨大なものまで、あらゆるものにはまっていた。何もかもを吸収し、割れ目をゴミで埋め、歳を取るにつれて干からびることへの恐怖がだんだん膨らんでいくなどとは思いもしなかった。ところがある日、スポンジのすべてが固まって乾くと、「自分は苦しみ続けなくちゃならない」という強い決意のもと、自己破壊の人生が幕を開けるのだ。

## 自分の可能性を思い出そう

人間は、完全に真っさらなスポンジとして生まれるわけじゃない。人間には両親から受け継いだ遺伝的な才能と、生まれ落ちた固有の環境があるからだ（これについては次のパートで詳しく扱う）。

それでも、まだ活用されていない、描き出される前の道が無数にあるのは間違いない。

**人間は大きく開けた可能性の原野として生まれる。そこには広く大きなポテンシャルが**

**あるのだ。**


人はみな、多くの人として生まれ、一個の人間として死んでいく。

――マルティン・ハイデガー（ドイツの哲学者）

すばらしい言葉だと思わないだろうか。人は誰しも、幅広い可能性の塊として生まれ、そこからゆっくりひとつのものに変わっていく。年齢を重ねるうちにものの見方は狭まり、最初のころとは違う小さく限定的で、極端なバージョンの自分に変わっていく。

そうやって人は新しいバージョンの自分に溺れ、それが自分だという思い込みを維持することが存在意義になっていく。あなたは、人生のさまざまな紆余曲折をへて、無限の可能性を持った存在から、どういうわけか今の自分になっていったのだ。


今のあなたには、非常に具体的で特徴的な性格と泣きどころ、おなじみの感情や行動がある。

そしてたいていの大人は、そうした「自分」を磨くプロセスに多くの時間を費やしている。もっと健康になりたい、もっと賢くなりたい、もっと自信をつけたい、不安や悩みを減らしたい、成功したい、魅力を高めたい……。

そうやって成長と改善を繰り返し、いずれは勝利することを求められる明確で固定化した存在になっている。

だけど、それはなぜだろうか。

## 「いつか」と言いながら人生を停滞させている

**幼い子どもの人生は、自分自身よりも周囲の世界を中心に回っている。**自分が生まれ落ちた世界に対する抗いがたい好奇心に満たされている。

それは環境を発見していく過程だ。その瞬間を生きることが人生のすべてで、子どもは一瞬一瞬の「中に」生きている。

ところが、その状況は変わっていく。


今はどうだろう。**大人にとっての人生は完全に「自分中心」だ。**自分が何をして、何をしないか。他者が自分にどう影響しているか。直すのも、磨くのも、変えるのも、変わるのもすべて自分だ。そこには、夢のような申し分のないハッピーエンドにいつかたどり着くまでの奮闘の日々がある。

その「いつか」は、「自分を見つけた」ときに訪れる。方法は人それぞれだ。ペルーのインカ道まで出かけて幻覚剤の紫煙を吸い込む人もいれば、リアリティー番組に出演して資金を得る人も、ねらっていた昇進をつかむ人もいる。シリコンバレーの億万長者やティファニー・ハディッシュ、トム・ブレイディ、子どものころのアイドルやお姉ちゃん、親友など、目標としていた人物のようになれたときという人もいる。

そうやって未来のいつか、自分は手練れの忍者のようにねらった獲物をすべて手に入れられる。そうすれば、鳥たちも歌い出す。そうとも、きっと鳥もそこにいるはずだ。

**そうした考え方のもと、人は人生を停滞させる。**自由になるための戦いに囚われ、どれだけもがいても、今いる場所に縛られたままになる。

幸福と関心の矛先とのあいだには、分かちがたいつながりがある。

もちろん、不幸もまたしかりで、手の届かないものに関心を抱いても、手に入ることは絶対にない。

それでも手に入れようとするなら、もがいてばかりの人生を送ることになるだろう。

幸せを追い求めることに
人生を費やしているなら、
それはつまり、今は不幸せ
ということになる。

## 何かを追い求めるのではなく、自分を変える

**人はみな、何かを追い求める作業に、かけがえのない人生の一瞬一瞬を費やしている。**

追い求めている何かが、5分後や5年後といった未来のどこかで見つかることを願いながら。

ところが、心の平穏や喜び、充実感が「どこかで見つかる」ことなど絶対にない。そんなのは幻想だ。あなたの脳を食いつかせようという撒き餌でしかない。

そう、撒き餌だ。あなたは脳が作り出した仮説に導かれて希望や安定、成功、実績といったかつてなく魅力的で甘美なごちそうを追いかけるが、目的の場所へたどり着くと、そんなものはどこにもないことに気づく。

自分は違う、と思うかもしれない。それはほかの連中の話で、自分が探し求めているものは、このどうしようもない人生から必ず自分を救い出してくれるはずだと。

だけどそうじゃない。あなただって同じだ。追い求めているものはなんだろう。仕事か、車か、家か、場所か、事業か。いずれにせよ、私が言ったことが当てはまることに変わり

はない。あなたは必ずだまされる。それからまた食いついて、まただまされる。何度も何度も。それが死ぬまで続く。

言わせてもらえば、**その「いつか」は永遠にやってこない**。なぜなら、大きなことを成し遂げて、目的の場所へたどり着いたと思っても、次の瞬間には、そこにいるのは今までと同じ自分だと気づくからだ。

自分は何も変わっていない。そこに大きな問題がひそんでいる。新しい生活に、同じ自分。最終的な目標は、自分を変えることだったはずなのに。

成長して自信のついた、今まで以上の自分はそこにはいない。自分が変わらないままなら、カバンに詰めた新たな実績は、すぐに過去という名のブラックホールに吸い込まれる。

それじゃダメだ。それじゃかゆいところには手が届かず、探し求めていた幸せは見つからず、あなたは同じことの繰り返しを強いられる。撒き餌に食いつくだけの人生が続いていく。

「いやいや、自分も昔はそうだったけど、もう必要ない。やるべきことはやり終えて、悟りを得たから、以前とは別人に生まれ変わったよ」と言う人もいるだろう。

残念ながら、その考えは間違っている。その人は、私がこの本で指摘していることをなんとか避けたり、小さく縮めたりする綱渡りのチェスゲームを続けてきただけだ。

それは人生とは呼べないただの作戦で、それではかせは外れず、自分を思い切り表現することはできない。だから生きている実感が薄れ、ポテンシャルは狭まっている。刃がこぼれている。冷えて固まってしまっている。

そうやって多くの人と同じように、**あなたは本来の能力のごく一部しか発揮できないバージョンの自分になっている。**

## 目標を追い求める人生でいいのか?

神経科学者によれば、赤ん坊の脳に意識が芽生えるのは5カ月ぐらいだが、「自分」という考え方が本格的にでき上がるのは2歳ごろだという。そのころから自意識と自己認識が生まれ、自分が個人であって、まわりのみんなとは切り離された存在だと気づく。

パクッ。そうやってゲームが始まる。その瞬間から、人生という名の破滅が約束されたオリジナルブランドが組み上がり始める。

そして、いつしか恥や所有という概念を理解し、求められ、愛され、知られることの意味を理解し始める。ほかの人が見ているあなたは鏡の中の「自分像」だという考えが浮かび始める。無邪気で小さなボールのような自分に対して意見を持つようになる。

ほとんどの人は、大人になっても自分をどう見つめてよいかわからない。自分自身と向き合うのに居心地の悪さを感じ、自分がイヤになり、なんとかして変わらなくてはという思いに囚われる。**自分を伸ばすよりも、自分を固めるために変わろうと考える。**

そうやって人は自意識過剰になっていき、その自意識が青春時代から大人まで、さらには墓に入るそのときまで続いていく。

驚異的な存在だった無邪気な子ども時代が記憶の彼方に遠ざかる中で、飛び抜けた出来事は当たり前になっていく。今は違うかもしれないが、次第にきっとそうなる。

はじめて携帯電話を買った日を思い出してほしい。新車を買ったときはどうだろう。夢のマイホームを手に入れた瞬間は？　人生のとりわけエキサイティングな出来事の数々を思い出してほしい。それが今ではなんの興奮も感じないものになっている。だからまた次のスリルを追い求める。パクッ。

これは具体的な物品に限った話じゃなく、愛情や人間関係、友情、目標、夢といったかつて憧れ、宝物だと思っていたものにも当てはまる。それらはどれも縮んで普通になり、またあなたは次の何かに食いつく旅に追いやられる。

**それを今、ここで終わりにしよう。先を見るのではなく、今この瞬間に立ち止まって、人生についてよく考えよう。**夢や実績、目標は、手に入った途端にさびつき始め、小学生のときの読書感想文や初デート、大学の合格通知、新しい仕事なんかと一緒に記憶のコレクション棚にしまわれる。

あなたの人生で、手に入れれば自分を変えられるとずっと思っていたのに、いざ手に入れると別の輝かしい目標に目移りして、結局は投げ捨ててしまったものはないだろうか。

## 目の前のことに集中しよう

今では有名になった「フロー」という言葉の生みの親であるミハイ・チクセントミハイは、こんなことを言っている。

人間に幼いころを懐かしむ傾向があるのは仕方ない。
多くの人が、このうえなく穏やかだった子ども時代、今という瞬間だけに生きられた時代を取り戻すのは、歳とともに難しくなっていくのを感じている。
——ミハイ・チクセントミハイ（アメリカの心理学者）

これは、人は社会動物として、また個人として複雑な存在になるほど、心理的なエントロピー（混沌性）を感じやすくなっていくと伝えている。

変わった表現だが、要するに人生が入り組んでいくほど、人はみじめになりやすい。そのむなしさを埋める方法はどこにも、何ひとつない。

あなたも多くの人と同じように、そのむなしさの埋め合わせ作業という罠に囚われ、いつも自分の人生のよくない部分、足りていない部分を直そうとしている。

**子どもには、今という瞬間以外のものは存在しない**。禅の究極の状態と言ってもいいだろう。そこには未来への不安も、過去への執着もない。あるのは今と、目の前にあるものへの対応だけだ。

そう、人は子どものころには禅の精神をわかっているのに、それをどこかへやってしまう。大人はその「フロー」の域になかなか到達できず、人生がもっとシンプルだったころのなんの縛りもない、至福の存在にはもうなれない。

だから、フローも別の形で、ほかのいろんなものと同じように「手に入れよう」とする。現代なら瞑想や祈り、ヨガのポーズ、スカイダイビング、自然体験、スポーツ、読書といった、あくせくした日々の暮らしからかけ離れたものに取り組み、今というかけがえのない、きらめく瞬間になんとか潜り込んで、チクタク前進するだけの人生から自分を解放しようとする。自分の悟りを得ようとする。

ここで、あなたの視点を確認しよう。

あなたは今、無数の動物が棲息する星に生きている。その星には広大な海や、溶岩の噴き出す火口や滝を備えた山々や、どこまでも続く砂漠がある。星は無限の宇宙の中で回っていて、周囲には惑星や太陽、太陽系があり、宇宙は人間のちっぽけな想像力では及びもつかない彼方まで伸びている。

それなのにあなたは、仕事がつまらないとか、体重が理想より増えたとか、鼻が友だちより低いとか、自分のスマートフォンはほかの人より3世代も古いとかといったことで悩んでいる。

そうやってあなたの人生は続いてきた。競争や愛情、称賛、物欲の中で、奇跡のような人生を、しみったれた浅薄な自己表現という名の凡庸な網で包んできた。その結果、なぜ自分は不幸で満たされないのかと頭を悩ませている。**ほしいものは目の前にあるのに。**

これは、生きていることに感謝しろと言ってるんじゃない。

一度立ち止まって、自分のおへそとかささいな心配事よりもっと壮大な何かに気づこうと言っているのだ。自分の人生がどんなふうに変わってきたかをよく考えよう。

この本を読むのはそのための機会になる。これはチャンスだ。ほとんどの場合、人生が思うように進まず、ドラマの連続なのにたいした手も打たずにいるのは、自分に原因がある。それは不満というよりは妥協に近いが、なんにせよ、人生を本気で変えるのに必要とされる本質的な自然の力じゃないのは間違いない。

**どうしようもない日々を終わらせたいなら、決意を固め、これまでのような人生はもうこれっきりにすると誓う必要がある。**今こそ思いどおりにいかない流れに対して手を打ち、ケリをつけるべきタイミングだ。

私たちはこれから絵を描いていく。その中にはわかりやすい部分もあれば、最初はよくわからない、場合によっては少しシュールに思える部分もある。

けれどその作業を通じて、小さな魔法のスポンジが固くなっていってしまったことがきっと実感できるだろう。

必要なのは、かつては精力的に情報を吸収していた穴が罠に変わっていった過程や、自分で自分の人生に目隠しをしていった過程を把握することだ。

**順番としては、まず枠組みを作り、その中に混沌とした人生を描き出し、最後にその絵を自分なりに解釈する。**今この時点で、「いやあ、すべて解決したよ。自分は魔法のスポンジだ。必要なのは、いろんなトンネルや道に何が詰まっているかを見つけることだけで、それさえできれば人生は好転する」と周囲に吹聴し始めるのは、賢明とは言えないだろう。

あなたにどんな友人がいるかは知らないが、ほとんどの場合、そうした大風呂敷を広げてもろくなことにはならない。今はまず、自分の頭の中でよく考えることだ。

# PART 5

# 人生の問題点を把握する

誰のせいかを考えても
なんの解決にもならない。
説明を求めたところで、
停滞からは抜け出せない。

## 「受容」こそが真の変化の入り口だ

前のパートで言ったとおり、人は意欲と熱意を持った魔法のスポンジとして生まれる。先入観を持たず、人生というエキサイティングな冒険がもたらすすべてを吸収しようとしている。

では、どうしてそこから変わり、意欲と情熱を失って何度も自分を破壊するようになってしまうのか。

それを知るために、まずは無意識という名のスポンジのすき間や溝に染み込んでいくものを明らかにしよう。

人生が破滅の連続に変わり、魔法のスポンジが重みでずっしりし始めるのには、2つの条件が関わっている。このパートではそのひとつ目を解説するが、そのためにはまず、自分にはどうしようもなかったものを探す必要がある。

「どうしようもなかったもの？　そのせいで自分は人生の被害者になったの？」

答えはイエスでもあり、ノーでもある。

あなたの人生にはきっと、目をつぶって我慢せざるをえない、選択肢がほとんどないように思える状況があるはずだ。そのこと自体はかまわない。そうした状況でも生活の質を維持し、成功をつかむチャンスはあるからだ。

これまでは違ったかもしれないが、これからは行動次第で自分を変えられる。

ひとつ目の条件の土台になるものとして、マルティン・ハイデガーが提唱した**「被投性」**という考え方を紹介しよう。

**人生には、自分で選び取ることができない、投げ込まれた状況というものがある。**あなたが生まれる前から存在し、投げ込まれた瞬間、すぐに適応しなくてはいけない状況だ。

詳しく解説しよう。

私はスコットランドに生まれた。そこは私が選んだ場所ではなく、アメリカやカナダ、フランス、中国、イエメンで生まれていた可能性もある。生まれる場所と日付は誰にも選べないし、どの親のもとに生まれるかも、人種や性別も選べない。人生には、そういった選択権のない状況が無数にある。

そうしたものが組み合わさって、その人固有の「被投性」が生まれる。

身長や髪の色、目のあいだの距離といった遺伝情報も被投性の一部だ。

生まれる時代は選べないから、１９４０年代生まれの人も、90年代生まれの人もいる。家庭の経済状況や社会的地位、文化、習慣、言葉も選べない。人間に生まれるかの選択権さえない。

太陽や月や星があるという事実や、森や社会、法律、車、科学、学校があるという事実、めぐる四季なども、生まれた瞬間に突きつけられる投げ込まれた状況であり、人はそうしたものと格闘し、なんとか折り合いをつけて生きていかなくてはならない。

すべては被投性の一部なのだ。


こうして無垢な魔法のスポンジは、産声をあげた瞬間から、人類という大きな波と、「何かを成せ」という無意識の声の中に投げ込まれることになる。

そのことについて、あなたには発言権がなく、フェアだと思うかも関係ない。どうしようもなさを気に入っているか、嫌っているか、憎んでいるか、感謝しているかといったこととは関係なく、あなたはこの世界にいるのだから、自分より前に生まれ、また後から生まれくるすべての人と同じように、その事実と折り合いをつけなくてはならない。

心の平穏へ至る道はそこから始まる。受け入れること。

**受け入れるとは、状況に甘んじるとか、あきらめるとかいった意味ではなく、ありのまま受け止めるということだ。投げ込まれた状況を受け入れられれば、その手を逃れて自由に生きることもできる。**

受容こそが真の変化への入り口だ。だからこそ、本気で考えなくてはならない部分でもある。自分自身と折り合いをつけ、どうしても受け入れられないもの、ありのまま受け入れられないせいで重荷になっているものを見つけ出す必要がある。

自由とは、突きつけられたものへの対応である。

——ジャン＝ポール・サルトル（フランスの哲学者）

いずれにせよ、人は被投性のすべてを（最後の一滴まで、一切合切を）受け入れるしかない。それができなければ、被投性の被害者になる人生が待っている。中間はない。支配するか、さもなくば支配されるか。

被害者の誰もが人生の脇道で途方に暮れ、助けを求めているわけではない。成功を収め、やる気に満ちた人の中には、被害者扱いに激しく反発する人も多い。

「被投性」の中身をもう少し細かく見ていこう。

たとえば、体格のいい人（あるいは背が低い人や、肩幅が広い人）は、いつの間にかバスケットボール部に誘われたり、腕相撲大会の代表に選ばれたりして、そうしたものを好きになるよう求められる。頭の回転が速く、情報収集が得意な人なら、学究の道へ投げ込まれる可能性が高い。

その逆で、スポーツが盛んな文化の中でスポーツが苦手だった子や、勉強に力を入れている学校で数学の授業にひどく苦しんだ子もいる。陽光の降り注ぐカリフォルニア（投げ込まれる場所としては幸運な環境だ）で生まれ、サーフィンやスケボーをして子ども時代を過ごす中で育んだ考え方や好みは、いつもどんよりと曇ったグラスゴーに生まれ、家でテレビを観たり、サッカーをしたりして育った子どもの人生観や人間性、可能性に関する考え方とはまったく別物になるだろう。

果たして、これがフェアと言えるだろうか。

運動神経が悪いとか、数学が苦手とか、グラスゴーの巨大な雲の下で過ごす日々といったものは、本人が選んだわけじゃないし、「いじめられっ子」としての人生も自分で決めたことじゃない。

そうじゃないのに、どういうわけかそうした状況に投げ込まれている。**生まれ育った場所がどこであれ、人は少しずつ環境という型にはまっていく。**その影響をある程度は説明できても、もっと強力な条件づけであることに気づいている人はほとんどいない。そこに選択肢はない。

魔法のスポンジには、選べる「ジュース」がたくさんあるように見えて、実はそうではないのだ。それでも、受け入れるほかはない。

## あと一歩というところで、夢をあきらめていないか？

もうひとつ、人が「投げ込まれる」のが会話だ。

**私の言う「会話」とは、一般的な会話ではなく、家庭環境や幼少期における特有の会話を指す。要するに、先祖代々受け継がれてきたさまざまな人生観だ。**

人の心の、光の届かない深みには、そうしたはるか昔からある広大でとりとめのないたくさんの声がひそんでいる。あなたが生まれる前と生まれた直後に、まわりの人はいったい何を話しただろうか。

生まれ育つ中で、周囲で交わされた重要な会話はどんなものだろうか。

たとえば、両親にあまりお金がなかったとしたら（その場合、両親の両親にもお金がなかった可能性が高い）、あなたは常に生活が苦しいという前提の中、つまりは両親のお金にまつわる見方や経験に投げ込まれたことになる。

一方でそういった家庭環境の人は、お金の大切さや、持っているものに感謝する姿勢を教わったかもしれない。貧しさという会話の罠を抜け出して一財を築く人も大勢いる。

しかし基本的には、そういう人は両親と同じ枠組みに囚われ、自分も経済的に苦しむ場合が多い。そして、その苦境がまた新たな会話の一部になる。

もっとうまくやる方法があったとしても、現実として、人は自分にはどうしようもない暗黙のルールや枠組みに組み込まれている。しかし、そうしたものに甘んじたのは誰かに強制されたことではない。

人がそうしたあきらめという名の「ガラスの天井」や、お金にまつわる限界に条件づけられていたとしたらどうだろう。お金だけでなく、人生のすべてが天井を目指すことに費やされていたらどうだろう。そしてどれだけ「がんばって」も、天井には届かない構造になっていたらどうだろう。

**自己破壊的な行動は、多くの場合、そうした苦境から抜け出せる直前、つまりあと少しで夢を実現できるというタイミングで現れる。**

そこで人は、新しい未知の人生に立ち向かわなくてはならないことに気づき、あと1歩というところでつまずいて、そこまでの前進をふいにし、これまでの努力を無に帰す選択を取る。

それは一見すると偶然や不運な出来事に思えるかもしれないが、そうじゃない。**そうやって人は、両親から受け継いだ可能性の枠、既知の人生の範囲内へ戻っていくのだ。**

私のクライアントの中にも、お金を何度も貯めている人がいた。目的の場所を目指し、一瞬そこへ到達したかと思うと、築いた財産を切り崩し、また貯めるということを繰り返す人生を送ってきた。

あなたも似たような経験に覚えはないだろうか。

直感的には理解しがたい考え方かもしれないが、**集団としての人間は、報われるよりも苦しむことに惹かれているように思える。**

人間というのは、長年の目標を達成したあとの人生に挑まなくてはならない恐怖よりも、目標を目指す過程にふけることを選ぶ生き物なのだ。

少なくとも、偉大な成果を挙げ、長年の夢を実現したのに、個人的な問題に再び囚われて、あの手この手で自分の人生を台なしにする人が多い現象の説明にはなっている気がする。

ハリウッドスターのスキャンダルの歴史をひもとけば、そうしたストーリーがあふれているものだ。

以前、コーチに「自分がどれくらいうまく人生に耐えられていると思う?」と訊かれ、答えられなかった。私にとっては人生の目標がすべてで、「うまい」かどうかなんて考えたこともなかったからだ。

**あなたは人生をうまく乗り切れているだろうか。**

答えを考えたらショックを受けるかもしれないが、正直に考えてみてほしい。

それがあなたの人生の真実だ。

今の状態の答えを知るヒントになるだろう。

## あなたの行動の9割は無意識によるもの

幼いころに聞かされた会話は、知らないあいだに人生のあらゆる部分に覆いかぶさり、最後は自己破壊の程度を決める重要なパーツになる。

人間関係や愛情、友情、成功、善悪、政治、性別、人種、信仰などは、どれもあなたがこの世に生を受ける前からあるものだ。その中には健全なものもあれば、不健全なものも、適切なものも、ひどく不適切なものもある。

あなたの一家がこうしたテーマをよく話題にしたか、ほとんどしなかったか、それとも遠回しに話したかはわからない。しかしいずれにせよ、**そのすべてがあなたという人間を形作る要素になっている。**

改めて考えれば、そうした会話が自分に大きな影響を及ぼしているのに気づくはずだ。その影響は途切れることなく、今でも毎日、毎分、人生のあらゆる側面で続いている。

その点に関して、あなたは特別じゃない。地球上の人類すべてに共通の現象だ。

子どものころ、まわりにいた大人がうっかりあなたの耳に吹き込んだ知恵が、本人のためになったり、足を引っ張ったりする。

では、そうして聞き及んだ知恵はいったいどこにしまってあるのだろう。子どものころの思い出は、故郷のドーナツ屋の前を通ったときや、テレビに向かって叫ぶ父親の声を聞いたときによみがえる、雑然としたあいまいな思考や夢、においでしかない。


こうした知恵は、普段どこにあるのだろうか。

答えは「深み」だ。意識的な思考の波のはるか下、無意識のマリアナ海溝という想像もつかない深みに沈み、今日までずっと眠っている。

あなたは今、自分の人生を生き、目の前の事柄に対応しているように思うかもしれない。仕事をこなし、テレビを観て、ネットサーフィンをし、会議に出て、料金を支払い、車を運転し、休暇へ出かけ、友だちを作り、スポーツを楽しみ、本を読み、文章を書き、昼寝をし、酔っ払い、羽目を外し、怒っているように思うかもしれない。昔の記憶なんてまったく関係ないように思っているかもしれない。


ところが、意識的なレベルの生活というのは、全体のほんの一部でしかないことがさまざまなデータでわかっている。

**「こうしよう」という考えの95〜99パーセントは、実は自分でも気づかない無意識の衝動や欲求に基づいたものなのだ。**

『ビヘイビュラル・アンド・ブレイン・サイエンス』誌に掲載された論文の中で、サンフランシスコ州立大学心理学科のエゼキエル・モーセラ助教授らの研究チームは、意識とは正確にはなんなのかという疑問に取り組み、暗澹《あんたん》たる答えにたどり着いた。

それは、意識とはほぼ無だという答えだった。意識的な思考はほとんど支配力を持たない。**本当の主導権は無意識が握っている。**

近代心理学と精神科学の父と言われるカール・グスタフ・ユングなら、無意識ではなく不意識と言ったかもしれない。人生の大部分は無意識だという言い方と、人生の大部分は不意識だという言い方では、少し響きが違う感じがする。

まるで死んでいるみたいだ。

別の言い方をするなら、人は1日のほぼすべての時間を、「マインドフルネス」を実践しているときでさえ、自動操縦モードで飛び回っている。自分が主導権を握り、意識的な存在であるように感じていても、実際には意識のふりをした自動的な思考と行動のもやの中にいる。

だからこそ、**本気で自分を変えたいと決意しても、いつの間にか、自分でも気づかない昔からのルーティン的な思考や行動に立ち戻ってしまう。**

あなたは毎日ずっと、無意識下の思考に突き動かされている。自分の一番奥から湧き出る絶え間ない波動に囚われているのだ。

## 無意識はあらゆるものから影響を受けている

パート3で話したように、人間には無意識に安全を求める強い傾向がある。意識では何か新しい、今までとは違ったものを求めながら、実際には予想のつく同じことを、予想のできる同じやり方で何度も繰り返している。

困った話で、こうした**無意識に組み込まれた予測可能なパターンは、人が何か新しいことに取り組んだ瞬間に作動する。**作動して新しい物事に対する情熱に水を差し、疑いや不満という名の薬を適量盛って目を覚まさせ、おなじみの安全でありふれた（ときに破滅的な）行動へ引き戻す。そうやって、人はそもそもの出発地点から抜け出せない。

これまで培ってきた既存の「自分」の引力とパワーはあまりにも強力だ。人間は、無意識的で自動的な反応のパターンとサイクルにおぼれる意識的な生き物と言っていい。

**意識できるようになるまで、無意識は人生を支配する。人はそれを運命と呼ぶ。**

**――カール・グスタフ・ユング（スイスの心理学者）**

そして、意識的な思考はある程度コントロールできても、無意識について意識的に考え、何かを選び取るのは難しい。無意識はあなたが経験してきたすべてを取り込みながら、うねうねと動く黒い塊だ。

**無意識はあらゆるものから影響を受ける。** 初恋や両親にハグされた（もしくはされなかった）回数。飼っている金魚がトイレに流されていく光景。歯医者での経験、骨折、友情、自分の体を使った実験、失敗、屈辱、成功など、思いつく限りあらゆるものに影響される。

そうした諸々が意識の底へ後退してブザー音や礎石になる。最も深遠な思考という深い海の底に沈み、なじみのある行動に本人を縛りつけている。

たいていの人は、自分の人生がどうだったかを説明することはできる。しかし漂うばかりの人生に対して、自分がどれくらい主導権を握れていたかを把握できている人は多くない。

たとえば、あなたも自分が怒りっぽい性格なのは把握しているかもしれない。アンガー・マネジメントの講座に通ったり、テクニックを学んだり、本を読んだりした人もいるだろう。そうやってほとんどの人と同じように、怒るのを避けたり、怒りを別の方向へ振り向けたりするテクニックを身につけはするが、自分がいったいどういう仕組みで怒っているのかはつかみきれていない。だから、怒りのトリガーの支配力は衰えない。

「完璧主義」はどうだろう。生まれつき完璧な人間はいないし、人生の細かな部分がぴったりはまっているか気になって仕方ない性格で生まれる人はいない。

それなのに、あなたはそういう人間になっている。そうした自分の性格に対して、あなたは何か手を打っただろうか。完璧主義への不安や心配をいつから放置しているだろうか。

本当はどうでもいい、不必要なことがその瞬間にはものすごく大事で必要不可欠な何かに思え、完璧主義のトリガー（「完璧でありたい」という欲求）が作動し、イライラしてしまう。そして、落ち着かない緊張した状態が続く中で、やがて望みが絶対にかなわないことに絶望するようになる。

ずっと誰にも頼らず、なんでも自分で解決してきたと思っている人もいる。そういう人は誰にも頼れないと思い込み、自己中心的でワンマンショー的な思考が強すぎるのかもしれない。

ところが、面倒なやつだと思わせて人を遠ざける無意識の作戦が、今では自分の毒になっている。独立心の強さは、人に囲まれていても孤立しがちという問題を生む。

こうした例にあなたが当てはまるかはともかく、自分の無意識の具体的な構造と、それが人格に与えるパワーを把握できている人はまずいない。それでも、人は常にその影響と付き合っていかなくてはならない。それが人生というものだ。

ほとんど顧みられることのない広大な無意識の世界は、偏った素材と会話、意識が重要とみなした出来事の集中砲火を浴びている。しかしユングは、**無意識こそが潜在能力を開花させる鍵**だと考えていた。

彼は無意識が人間の最大の弱点であり、最高の長所でもあると考えていたわけだ。

## 人のせいにしても何も変わらない

この本の大きなテーマに取りかかろう。今のような人生に陥った理由を知りたいとき、多くの人はシンプルで楽な道を選ぼうとする。

ところがそこは、自分を永遠に傷つける道でもある。その楽な道とは、自分の人生を両親のせいにすることだ。両親は一番やわな標的だが、同時に親だけでなく、自分自身にとっても破滅的でダメージの大きな道でもある。

両親は、投げ込まれた環境の中でも大きなパートを占める。子どもは親を選べない。それでも、**今の自分や人生、性格、目標に手が届かない苦しみは両親のせいだと名指ししたところで、本当の心の平穏や求めてやまない万事順調な人生は決して手に入らない。**

もちろん、両親の存在を当面の発奮材料として使うことはできるが、そのやり方では心の中に腹立たしい小さなしこりが残る。両親という裏口めいた言い訳がある限り、人はそれを使う。退屈で平凡なその道のりは、不満と物足りなさのハイウェイへと続いている。

両親と会ったことがない、顔もほとんど知らないという人や、すでに両親が他界した人でさえ、多くの人々がこのゲームを大人になっても続けている。それは当たり前で普通の話だ。

つまり、子どもをこの世に送り出すのは両親で、子どもの扱いを間違えるのも両親なら、どういう育て方をするかも、どういう言葉をかけるかも、どんなふうに子どもの人生をめちゃくちゃにするかも両親が決めることだ。だから両親のせいにしたくなるのも当然だ。

ところが、実はそう単純な話じゃない。そのやり方ではおなじみのサイクルから抜け出せない。読者の中には、私がこの話題を取り上げたのを知って、自分の中の怒れる犬を両親に向けて解き放とうとしている人もいるかもしれないが、いったんそいつを引っ込めて先を読み進めてほしい。何よりもそうしてほしい。

読んでいて、私が両親かあなたか、どちらかの味方をしようとしていると思ったなら、その考えは正しい。そのとおりだ。

**私はあなたの味方だ**。だからと言って、それで私とあなたの考えが一致したわけじゃない。私のほうは、一致しなくても仕方がないと思っている。結局のところ、自分を破壊しているのはあなたであって、私じゃない（少なくとも今、ここでは）。

今は変わるべきタイミングだが、**やるのはあなただ。**私についてきてくれるのなら、強い決意でこの先を読み進めてほしい。変わるという決意を持ってだ。

誰かをバスの下に投げ込もうとする前に、誰もがあなたと同じように火中へ投げ込まれる人生を送り、その人なりの生まれ持った問題という罠に囚われて生きていることを思い出してほしい。

いや、わかっている。確かに幼い子どもには、親はすべての答えとあらゆる知識を持った、テレビの登場人物のような完璧な人間に思えるものだ。

では、今はどうだろう。両親がよく物を知っていると思うだろうか。そう思う人もいるだろう。なら、大人になったあなたも完璧な人間のはずだ。さて、我が身を振り返ってどう思うだろうか。

**私たちはみな人間だ。何かを成そうとしてたいてい失敗する、ときに手ひどく失敗する人間だ。**

両親との関係は「問題ない」と思う人もいるだろう。しかし人生のとりわけ重要な登場人物に対する「問題ない」という感じ方はいい兆候ではない。

すでにこの問題を片づけ、両親との縁を切って、せいせいした気分になっている人もいるかもしれないが、それでは根本的な解決にはなっていない。

よく聞いてほしい。**人生で最も重要なのは、自分の人生がこうなった原因を（自分自身を含めて）誰かのせいにするのをやめることだ。**

両親でも、友人でも、ご近所でも、誰かのせいにするのはよくない。それでいらついたり、腹が立ったり、文句を言いたくなったり、いつものようにキレたりしたなら、よく考えてほしい。あなたはそうやって、今のような人生が続くことを願っている。自分を破壊する人生を支持している。

そうやって、自分が感情のトリガーに振り回されているのに気づいているだろうか。自分で自分に何をしているかわかっているだろうか。あなたは抑圧された怒りや、静かな恨みで人生を満たしたいのだろうか。自分は壊れていて、心が死んでいるという考え方にしがみつきたいのだろうか。

本当に？　それに価値があると？　そんなはずはない！

今の自分のあり方を、両親やほかの誰かのせいにするのは今ここで終わりにしよう。そうした説明はいずれ力を失う。弱まり、すり切れ、エネルギーをなくす。投げ込まれたのが最悪の環境だったとしても、今の選択次第で流れを好転させ、学んで、成長して、現状から脱却することはできる。

**今この瞬間は、あなたにその選択権がある。**

## 今、ここで「変わる」と決意しよう

あなたが悲惨な状況に置かれていたとして、そんなあなたに同情する人はきっと大勢いるだろう。そしてそういう人には、私はいじめっ子のように映るに違いない。

こいつは自分の言っていることがよくわかっていないとか、お前の言うとおりにする人間なんていないるもんかとか、こいつは思いやりのかけらもないとか思うに違いない。

しかし、それは完全なる勘違いだ。

**忘れないでほしい。本当の人生は、今という瞬間の中にある。好むと好まざるとにかかわらず、あなたは常に今という瞬間を生きている。**

おもしろいことに、「今を生きろ」という言葉をまるで「普段とは違うことをしろ」とでも言うような感じで口にする人がいる。

人間は常に今という瞬間の中にいる。そう思えないのは、単に今、目の前にあるもののために生きられていないからだ。

つまり、**大事なのは今この瞬間に何をしているか、このかけがえのない時間をどう使っているかだ。**

今という人生の貴重な瞬間を、投げ込まれた人生に対する不満の海に浸かり、変われっこないという固定観念に囚われ、ガラスの天井の下に自分を押し込めようとする会話のクモの巣に引っかかったまま過ごすのか。

それとも、自分自身と出会ってきたみんなをそこから解放し、誰かのせいにするのをやめる意志をようやく持つのか。

結局のところ、誰のせいかを考えてもなんの解決にもならない。

説明を求めたところで停滞からは抜け出せない。

今、ここで選んでほしい。本気で白黒つけてほしい。

選ぼう。
自分がなんのために戦うのかを。
過去か、それとも未来か。
自分の自己破壊のためか、それとも
ずっと待ち望んだ自由のためか。

## あなたの人生を取り戻そう

今この瞬間、あなたはいつもどおりのことをしてもいいし、まったく別のことをしてもいい。それは死ぬまで変わらない流れで、人生は一瞬一瞬の積み重ねだ。だから今こそ、その別の何かに関心を持ってもいいのではないだろうか。自由になるのに条件は必要ない。自由になるか、ならないかだけだ。

**大切なのは、誰かのせいにしたり、怒ったり、不満をため込んだりするんじゃなくて、ありのままの人生を受け止めることだ。**

人生がこれまでのような道のりをたどり、今の状態になったのは、あなたがそうしたからだ。そして今もゲームは続き、未来へと向かっていく。

どうしたらいいかわからない？　よしきた！　そんなあなたのために私がいる。

少し時間をかけて、これまでの人生を振り返ってほしい。特に出身と生まれ育った環境をよく考えてほしい。今のあなたは、その被投性をどう言い訳して自分を正当化しているだろうか。
何を正当化しているだろうか。かんしゃく持ちな性格か、3ドルぽっちの預金残高か、これまでの人間関係か。大学へ進学しなかったことか、大学で失敗したことか。体型か、自分には価値がないという感覚か。友人の質（もしくは質の悪さ）か。
そうしたことを深く掘り下げてみよう。今の自分を説明する言い訳に使っている、どうしようもないように思える条件を、ここですべて明らかにしよう。

**あなたはこの世界へ投げ込まれた。その部分に関して選択の余地はない。だからもう受け入れよう。**

仕事の外注に似ているかもしれない。これまでのあなたの人生は、説明と正当化、言い訳の連続で、外的要因に力を譲り渡していた。しかしこれからは、すべてを「社内」へ戻し、人生のネジを巻き直し、変化のための唯一最大のエネルギー源は自分自身だと認識するのだ。

**これまでも、これからも、これはあなたの人生だ。だから取り戻そう。**

さあ、次へ行こう。

# PART 6

# 幻の真実を解き明かす

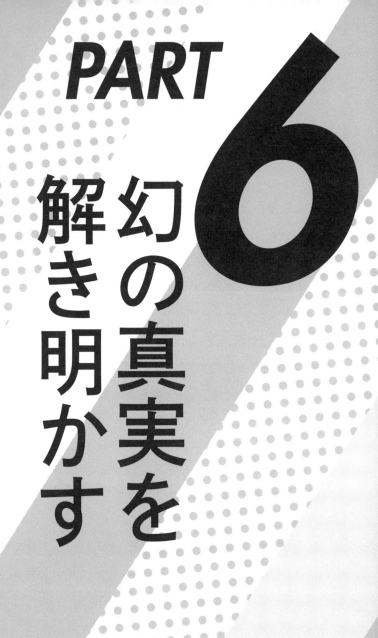

「あなたの真実」と「絶対の真実」は、必ずしも同じではない。同じという前提に立って、人生を設計していたとしてもだ。

## 「あなたの真実」と「絶対の真実」は必ずしも一致しない

パート4とパート5では、人生の基本的な事実のうち、最初の2つを確認した。1つ目が、人はどんなものとして生まれるか、そしてもうひとつが人はどこに投げ込まれるかだ。人は小さな魔法のスポンジとして生まれ、自分にはどうしようもない既存の条件の中に投げ込まれる。

そこで次は、あなた独自の3つの思い込みを明らかにするための最後の下準備をする。背景を理解すれば、自分の本質が実感としてよくわかるようになる。

その最後の要素を、私は「築き上げた真実」と呼んでいる。

基本的に、幼少期は真実を築くための期間だ。自分なりの真理を見つけ、無意識が「現実」を描き出す時期と言ってもいいだろう。自分自身や世界、周囲の人など、あらゆるものの真実を構築する時間だ。

ただ、ひとつはっきり言っておかなくてはならないことがある。**「あなたの真実」と「絶対の真実」は必ずしも同じではない。**同じという前提に立って人生を設計していたとしてもだ。ひとりの人間が絶対の真実に到達することは決してない。「自分には本当のことがわかる」とどれだけ主張しようが、それは自分の真実でしかない。

人が何度も自分を破壊してしまうのは、すでに説明したとおり、無意識のサイクルに組み込まれているからだ。しかし、そのサイクルは同時に、これまでの人生観という幻想（あなたの真実）の上に築かれた砂上の楼閣《ろうかく》でもある。人生は投げ込まれた環境から幕を開けるが、そのあとには別の問題が待っているのだ。

人生の捉え方は人それぞれだ。ゴミみたいなつまらない人生だと思う人もいれば、最高の人生だと思う人もいるだろう。

しかしいずれにせよ、未来は過去に対する捉え方の影響を常に受ける。しかも無意識の捉え方は、意識的な思考の捉え方と異なっている場合がある。

**過去は未来の土台となるテンプレートだ。そう考えれば、あなたが自分の真実に基づいて、フラストレーションのたまる不自由な人生を送ってしまうのも無理はない。**

これまでの人生はどうだったかを尋ねれば、ほとんどの人はいくつかの特徴的な出来事を基準に人生の道行きを説明する。3分でさっと話し終える人もいれば、ラーメンの麺よりもちぢれた人生の紆余曲折を、ひねくれた友人が小遣いを稼いだことよりもどうでもいいエピソード満載で、何時間もかけてこんこんと語る人もいる。

あなたはこれまでの人生をどう表現するだろうか。どんな記念碑的な出来事があっただろうか。**口から飛び出してきた言葉が、あなたの築いてきた真実だ。**

基本的に人間は語るべきストーリーを、自分自身や人生、行動原理についてのちょっとした説明として持っている。日々の暮らしの中で何かにつまずくたび、人はこの「真実」を参考にし、場合によっては何度もリハーサルした自分への言い訳を思い出す。自分を理解しようとすることは、たまにしかない。

そうやって人は大人としての自分のあり方を正当化し、説明するための基本的な手段を用意する。同じ種類の説明を使い、まわりの説明を受け入れ、まわりもこちらの説明を受け入れる。

親友と飲みに出かけて、2杯目か3杯目を空けたところで、話題がネットフリックスのおもしろかった作品から、最近のつらい日々へするっと切り替わっていたことはないだろうか。そんなとき、人は混沌としたつらい生活の原因を過去の痛みや傷、事件に求める。

そうした幸せな説明は、両親や祖父母も繰り返してきたものだ。日々の何気ない会話という形で、何世代も受け継がれてきた手法だ。細かな部分は違っていても、根本的な部分は継承されている。

仮に見知らぬ誰かが近づいてきて、自分のことを少し話してほしいと言ったとしよう。するとあなたは、仕事や働いている場所、住んでいる街などを明かしたあと、すぐにこんなことをしゃべり出す。

「自分はバッファローの出身で……」「自分は3人兄弟の末っ子で……」
「生まれは80年代で、そのせいで……」「父親は海兵隊で、だから……」
「母親が教師で、それで……」

どれもこれも、おなじみの退屈な被投性、つまりは自分にはどうしようもない事柄の数々だ。父親が海兵隊だったのは子どもにはどうしようもない。

それでも、当然ながら話はここでは終わらない。終わるはずがない。こうした決まり文句のあとこそが肝心な部分なのだから。

「父親が海兵隊で、子どものころはものすごく厳しくしつけられました。本当にこちらのことを思ってやっていたのか……。私のことより、自分の経歴を心配しているように思えました。父の前では何もしちゃいけないも同然でした。それで10代のころは孤独で、今も引っ込み思案な自分を変えられずにいます」

人生のあり方は、こうした言葉を通じて定まっていく。そうやって**人は何かを避け、抑え込もうと自分や状況をねじ曲げていく。**人生を組み立てていく。真実を築いていく。

## 人は自分で築き上げた真実に縛られている

ここでひとつエクササイズをしよう。

あなたはブラックのホットコーヒーが入ったカップを持っていると思ってほしい。すると突然、誰かとぶつかって熱々の液体がそこらじゅうに飛び散ってしまった。素肌むき出しの腕、脚、床もすべてコーヒーまみれだ。ひりひりとした熱さを感じ、あたりはひどいありさまになっている。ズボンもびしょびしょなのに、就職面接は20分後に迫っている。今すぐ別の服を探さないといけない。

ところがそれは不可能だ。あなたは今スターバックスにいて、家は遠く、面接を受ける会社はここから歩いて15分かかる。

ぶつかってきた男を見て、あなたは「ふざけんなよ！」と言う。

すると男は肩をすくめ、聞こえるか聞こえないかの声で謝罪し、さっさと立ち去る。何事もなかったみたいに。

あなたの心臓がバクバクし始め、頭はいろんな思考でぐちゃぐちゃになり、体が怒りで震える。それからフラストレーションが高まり、それが引くとまずは絶望が、続けてあきらめが襲ってくる。面接にはもうどうあがいても間に合わない。

今回はおしまいだ。あなたは店を出て家へ向かう。

では今度は、自分がその様子を店の隅で見ていたと思ってほしい。当事者になるんじゃなく、観察しているだけの立場だ。

あなたが静かに紅茶とマフィンの朝食を楽しんでいると、男がひとり、店へ入ってくるのが視界の隅で目に入る。落ち着きがなく、少し緊張している様子だ。男はコーヒーを頼み、財布から出したクレジットカードを床に落とす。

「くそっ!」と男は苦々しげに言う。それから代金を払って脇へどき、ほかの客のあいだを抜けて受け取りカウンターへ向かう。

男はカップを手に取って勢いよく振り返り、前をまったく見ずに歩き出して、そしてドン! 男が来るのに気づいていなかった別の男性とぶつかる。

男のコーヒーがあたりに飛び散る。

「ふざけんなよ！」と男が叫ぶ。

店内がしんと静まり、誰もが何事かとそちらに目を向ける。

明らかにびっくりした様子の相手は、トラブルはごめんとばかりに軽く謝って、さっとその場を立ち去る。

はいカット！


さてこの場合、どちらが「真実」だろうか。

もちろん、どちらも真実だ。

最初のシナリオでは、あなた自身がぶつかられ、そのせいでどうやら面接には行けそうにない。2つ目では、あなたは自分が体験するのではなく観察し、どちらにもそれぞれ落ち度があるのを目にしている。1つ目だけを見たり味わったりしていたら、悪いのは完全に相手だと思うだろう。真実のやっかいな部分はそこにある。

つまり、**人は自分の視点でしかものを見られない**。このエクササイズは、いわば人生全体の縮図だ。あなたが真実だと思って頼りにしているものは、実は出来事や状況の個人的な体験でしかない。それなのにあなたは、その経験をまるで石に刻まれた言葉のような確かなものとして持ち歩き、それを中心とした人生を送っている。

「だけど、自分の真実を語ることの何が悪いのさ」と言う人もいるだろう。

確かにかまわないが、「自分の真実を語る行為」があなたを縛りつけているとしたらどうだろうか。

正直に言えば、**自分の真実を語るのは一向にかまわないが、それには「ありのままの状況と、自分にとっての感じ方を分けて把握できている限り」という条件がつく。**

そこが認識できていれば、体験の印象をゆがめたり、軽視したりせず、被害者ぶらずに経験を力に変えられる。

## あなたの真実はあなた以外の人にとっては真実ではない

人間は、積み上げた真実が割れ目に染み込んだ魔法のスポンジだ。だからこそ、過去に囚われる。間違った場所に目を向け、家族や友人に文句を言い、自分が真実だと思っている過去と折り合いをつけようとするが、**当然まわりはそれとは別の見方をしている。**

そして、真実に怒り出す。しかし、あなたの真実はあなた以外の人間にとっては真実などではないし、その真実が自分を輝かせていないと思うなら、今こそ別の真実を築くべきだろう。

イラッときた人は、自分だけの過去にこだわり、自分が築き上げてきた人生や、自分が否定している未来ときちんと向き合っていないのかもしれない。

だから、**今こそしっかり目を向け、人生との向き合い方を考え直そう。**家族や自分自身との関係や、愛やセックス、自分のポテンシャル、パートナーとの関係の捉え方を見直そう。自分の悩みや感情のトリガー、腹が立つポイント、失意を明らかにしよう。

それらはすべて、あるものが土台になり、あるものを中心に形成され、あるものと絡み合っている。何かわかるだろうか。

そう、自分が構築してきた真実、自分バージョンの真実だ。

海兵隊を父親に持つ子どもに話を戻そう。

この場合、父親が軍人だったせいで内向的な性格になったのは事実ではない。同じような出自でも、まったく別の道をたどる人は大勢いる。

あくまで自分が構築した真実であって、本人が自分自身に引きつけ、自分で自分を痛めつけているのでしかない。父親が子どもを顧みなかったとか、そのせいで孤独になったとかいったことは、自分に言い聞かせてきたストーリーでしかない。

父親の行動は父親のものであって、それ以上でも以下でもない。そして、築き上げた真実を使って子どもが何をするかは、本人にかかっている。過去がどれだけどうしようもなかったかは関係ない。

多くの人が、腹立たしい悲惨な経験をしたあと、大人としてそうした過去を前向きに捉え、忘れたり、なんとか「乗り越え」たりしようとする。「乗り越えた」、もう過去に支配されてはいないと自分に暗示をかける。ねじれてゆがんだレンズを通して世界を見ていたせいで生じた問題を克服しようとする。

明らかに間違った、たいていは不当な、ときに違法で不誠実な状況に投げ込まれた人生というのがあるのは、私もよく理解している。それはわかっている。あなたがそういう世界に生きているのだとしたら、心から同情する。そういう経験をしているとすれば、本当に胸が痛むが、同時に頭では、あなたの人生観をぐらつかせたいとも思っている。

**あなたの中には、築き上げてきた真実が息づいている。あなたがそれを生きながらえさせている。すべては、あなたがやっていることなのだ。**

ひとたび築かれた真実は、心の奥底へ侵入し、人生を支配する。実体のある影のように過去へ手を伸ばし、未来へ這い寄る。

あなたの心は、そうした真実に囚われている。その罠に引っかかっている。

この話をすると、映画『恋はデジャ・ブ』の世界に迷い込んだように感じるかもしれないが、あなたのいる世界は楽しくないし、乾いたウィットとセクシーな笑顔のビル・マーレイがすぐに助けに来てくれることもない。

人生がこんな状態なのを、誰かや何かのせいにしたい気持ちはわかる。すさんだ環境で子ども時代を過ごした人もいるだろう。退屈でこれといった出来事のない幼少期だった人もいるかもしれない。それでも、**似たような環境で育ちながら、あなたのようにはならなかった人はいっぱいいる。**

一方で、居心地のいい平和な家庭で育ち、夢のような子ども時代を過ごした人もいるだろう。その中で、あなたが築いてきた真実はどんなものだろうか。

多くの人が暗い過去を背負っている。破産した人もいれば、暴漢に襲われたり、強盗に遭ったり、だまされたりした人もいる。誰かに支配され、その人の目的に利用された人もいる。

それでも、そうした過去で人となりが決まるわけじゃない。**あなたという人間は過去の出来事じゃなく、自分が選んで抱え込んでいる「真実」の落とし子だ。**

先ほどのエクササイズの例では、コーヒー店があって、何人かの登場人物がいて、コーヒーがこぼれた事実がある。

それだけだ。それだけのことだ。ところが、誰かに訊かれてその出来事を話した途端、さまざまな視点や意見、判断、明らかなドラマが生まれてくる。

そうしたあれこれが、魔法のスポンジに詰まっていると思ってほしい。それらは人生にどんな影響を及ぼしているだろうか。

**人生のすべては、個人的な体験以外の何物でもないと考えよう。**ものを見る角度や、単純な視点とは異なる見方。それがやがて、いつもの破滅のパターンにはまり続ける言い訳になる。だけど、それは強制されたことじゃないのだ。

## 自分の人生の100パーセントの当事者になろう

人生のさまざまな場面やドラマ、喜びや怒りなど、子どものころから今の5分前までに経験してきた出来事を、あなたは「真実」だと思っているかもしれない。しかし、それは主観に近いもので、絶対の真実なんかじゃない。投げ込まれた人生を見つめる角度でしかない。そうした自分なりの真実を誰もが持っている。

だとすれば、どれが「絶対の真実」なのだろう。

どれも違う。すべて違う。その中に唯一の真実はひとつもない。

「自分の真実」を客観的で、確固とした、この世のあり方とでも言うべき動かせないものだと思って生きている人は多いが、その考えは間違いだ。

だからこそ、人は政治や人間関係、ビジネス、家族の付き合いで言い争う。なんとかそれぞれの見方に折り合いをつけ、絶対の真実を見つけ出そうとするが、現実にはそんなものはどこにもない。


**過去は変えられない。しかし一方で、過去をどう捉えて説明するかは変えられる。**見方が変われば感じ方が変わり、そして感じ方が変われば、文字どおり過去が変わる。少なくとも、過去から受ける影響は変わる。

もっとも、これは怖い話でもある。自分の人生観を軸にして築き上げてきた家族や恋人との関係、夢といったものがばらばらになり、壊れていく過程を目にするようなものだからだ。

それに、自分の真実はこれまで大事に守ってきたものだ。深くのめり込み、正解だと思っていたものなのだ。

自分の真実や見方を唯一の真実や見方だと思うこと。それはつまり、ほかの人の視点を否定する行為だ。

ところが自分の真実が絶対ではないとわかると、人生を説明するのは少々難しくなる。多くの人が、この時点でパニックを起こす。自分にはどうしようもない遺伝だとか人生の神秘だとかいったもののせいにして、責任逃れをしようとする。言い訳をしなきゃ、説明しなきゃという強烈な欲求に駆られて話をすり替え、世の中には自分より頭がよかったり、才能豊かだったり、ものすごく強かったり、直観が鋭かったりする人がいるといった話を始め、ありとあらゆる手を使ってここまでの人生の責任を問われないで済むようにする。

こう言うと、「あなたはこっちが経験したことの深刻さを軽く見ている」とか、「他人に自分の『旅路』はわかりっこない」と言い返してくる人がいる。そういう人は多分、そうやってたくさんの人を、理解してくれないとか、わかっていないとか見なしてきたんだろう。そして、怒りにまかせてこの本を投げ捨て、元のくそみたいな生活に戻るのだろう。

ちなみに言わせてもらうと、私は今、心の底からやれやれという気分で顔を手で覆っている。

あなたはどうだろう。あなたは被害者ぶって、心底どうでもいい人生を送っている。大多数の人と同じように、人生を体験するよりも、人生を説明する暮らしを続けている。ああそうかい。そんなに人生にうんざりなら、山にこもって洞穴暮らしでもしたらどうか。要するに、私は引き下がるつもりはない。だから、あなたもそうすべきだ。

あなたの過去は基本的に、なぜ今の自分はこうなのかという説明で成り立っている。それがすべてだ。**言い訳ばかりのくだらない人生は、ここで終わりにしないといけない。**

ジャン＝ポール・サルトルが、このあたりのことを完璧にまとめた言葉を残している。

**「夢見がちな人間はみな、幻想が打ち砕かれることと真実とを混同する」**

あなたもどこかのタイミングで、自分自身と自分の言い訳にうんざりしなくてはならないが、だからと言って、それで別の何かの被害者になっていたら意味がない。

自分が真実を支配すれば、その真実に支配されることはなくなる。

これは絶望とか、罪悪感とか、屈辱とかいったネガティブな状態の話じゃなく、**自分の人生の100パーセントの当事者になろう**という話だからだ。涙をふいて、姿勢を正し、自分の正体に白黒つける過程だからだ。

それができない人は、きっと築き上げた真実を守ることで何かを得ている。いつまでもひらひらと身をかわし、自分の人生の当事者になるのを避けることで、何かを証明したり確認したりしようとしている。あるいは、自分を傷つける痛みから自分を切り離そうとしている。

## 問題なんて、そもそもありはしない

自分にうんざりする理由はほかにいくつもある。

大酒飲みだったという父親には1回も会ったことがないという人もいれば、両親が離婚したとか、学校でいじめられたとか、信じていた人に裏切られたとか、子どものころにだまされたとかいう人もいるだろう。

学校では人気者だったけど、今ではどうしようもない人間に成り下がっているという人もいるだろうし、逆に学校では落ちこぼれで、学歴や知識が求められる仕事に就けない人もいるだろう。

しかし、本当にそうだろうか。確かに、今は道を踏み外した人生を送り、どん底にいるかもしれないが、このパートを読んだ今、人生を説明するために築き上げた真実が、冷たい日の下へ出てくることはもうない。自分の真実は、人を支配するものなんかじゃないのだ。

逃げるのはもうやめにしよう。でもこう言いたい人もいるだろう。「だけど、ほかの人が持っている意欲や野心、目的が自分にはないんだ」と。だとしたら、これまでの人生はなんだったのか。感覚？　一時の感情の積み重ね？　そうやってあなたは、いつか突然、情熱が湧き起こるまで待っているつもりだろうか。その姿勢こそが、サイクルを打ち破れない原因じゃないんだろうか。

よく聞いてほしい。そういう人はあなただけじゃない。**あなたの中には、まだたくさんの可能性が眠っていて、それを使えば偉大なことを成し遂げて、人生や人類に貢献できる。**それなのに今は、言い逃れに日々を費やしている。

築き上げた真実は自分を決めるものじゃなく、被投性と同じで、人生の体《てい》のいい言い訳にすぎない。これからは、そうした考え方と向き合う必要がある。一見重大そうに思える真実は、自分を正当化するための免罪符でしかない。

**つまり、言い逃れはもうできないということだ。**あなたが自分を傷つけているのは、両親がひどい人間だったとか、信頼や自信がどうとかいった問題があるからじゃない。**問題なんて、そもそもありはしない。**前にも言ったとおり、人間はカテゴリーじゃないのだ。過去の経験や出来事、出身や遺伝子のくじ運といったものは、何も関係がない。

あなたが自分を破壊しているのは、まったく別のところに理由がある。

それは、「3つの思い込み」の作用によるものだ。

次の章では、そいつらの正体を暴くとしよう。

---

幻に人生を捧げている人間には、そのことをはっきり教えてやる以外に道はない。

——ダニエル・デネット（アメリカの哲学者）

---

# PART 7

# 3つの思い込み

今のあなたは、ダメな自分を救い出す喜びを繰り返し味わうため、永遠に自分をダメにし続けている。

## あなたの中には「3つの思い込み」がある

ここまで休憩を取らずに読み進めてきたという人は、ここでひと息入れてほしい。

ここまでいろいろなことを話してきたが、これからのパートをいっそうインパクトのあるものにするには、ここまでの内容をしっかり自分の中に取り込んでおく必要がある。

**・人は小さな魔法のスポンジとして生まれ、目の前に提示された世界のすべてを吸収する自由と、意欲と、用意がある。**
**・しかしその魔法のスポンジは、自分にはどうしようもない人生という器に投げ込まれる。遺伝的才能や家族の事情、場所、状況など、本人にはどうしようもないものを突きつけられる。**
**・そして人は、投げ込まれた状況だけでなく、真実として築き上げたものにしがみついて、人生を停滞させる。ところがその真実は単なる主観で、自分を支配するものではない。**

こうしたものが組み合わさって、あなたが生きる人生の劇的な背景になる。毎晩、あなたというたったひとりの観客の前で繰り広げられる舞台のひと幕になる。

必要であれば、ここまでの各パートを読み直して、次へ向かう準備をしてほしい。具体的には、次のことを考えてほしい。

自分がどんな人生に投げ込まれたか。コントロールできないものは何か。それらが自分の人生を形作るさまを、どう自分に語り聞かせてきたか。自分の過去からどんな真実を築いたか。そして、どこで停滞しているか。

このパートは、ちょっとした架け橋だと思ってほしい。片側にはここまでこなしてきた下準備の作業があり、もう一方には無意識の根っこがある。その両方をつなぐパートだ。この本ではここを新たな出発点として、あなたの人生と人格を定めてきた、無意識の一番奥底に眠る会話を明らかにする。

その会話のせいで、あなたは自己破壊のパターンを打破できずにいる。そのせいで人生はくそったれなサイクルに閉じ込められ、ときおり抜け出せてもまた引き戻されてしまう。私がここまで話してきたことが、今のあなたの状況を招いているわけだ。

魔法のスポンジを固くする「被投性」と築き上げた「真実」からは、永遠に消えてなくならない人生の礎石が3つ生まれる。

それはあなたが目にするすべて、耳にするすべてを形作り、ゆがめる、消せない永遠の染みだ。私はそれを「3つの思い込み」と呼んでいる。

**「3つの思い込み」はすべての始まりであり、どれだけ離れようが、どれだけすばらしい人生を送っていようが必ず立ち戻ってしまう中心点だ。**あなたの中には、どれだけ傷つこうがそこへ戻りたいという衝動がある。

あなたはこの3つのシンプルな思い込みに導かれている。

自分の思い込みがどんなものかを特定するには、それらが人生に与えている影響を詳しく追っていくといい。

あなたは常に、この思い込みに従って行動している。最初は影響がはっきり目に見えないかもしれないが、池に小石を投げたあとに波紋が広がるように、影響は徐々に表れていく。

「思い込み」をもう少し詳しく解説しよう。

過去の捉え方を変え、感情の重みを取り除けても、根本的な思い込みを変えたり、消したりはできない。思い込みはそういうもので、常にそこにいる。

悪い知らせのように思うかもしれないが、自分だけの思い込みが明らかになると、人生を軌道に乗せるのに必要な変化が起こせる。

私は自分の思い込みを、自分だけの小さな灯台だと思うようにしている。

灯台が見えるのは、予測可能な昔ながらの人生に舞い戻りかけているという警告だ。私にとっての自己達成的な予言で、気づくことさえできれば、進路の変更もできる。

私が「認識」とか「自己認識」という言葉を使うときは、すべてこの気づきを指している。

認識は、自分自身の構造との個人的で近しい関係、単なる運命ではないその場の選択肢を提供する。

『思い込みとは、あなたが人生の決定的場面で下した無意識の判断であり、今日まで残る消せない刻印だ。死ぬまでともにあるものだ。』

## 「3つの思い込み」とは何か？

では、その3つの思い込みとはなんなのか。どこから始めれば見つけられるのか。

人生の最初の20年間は、どんな人でも肉体と神経が一番成長する時期だ。その20年が終わるまでに、人は3つのことに対して根本的な思い込みを決める。

- **自分自身**
- **他者**
- **人生**

この3つに対するまったく異なる思い込みは、それぞれ独自の特徴的な形で人生に登場し、やがては組み合わさってポテンシャルを押しつぶす。すべてをねじ曲げる。ゆがめる。

そして、最後は今の人生という重荷を背負わせる。だが、あなたはこれからその人生を変えていく。

そわそわしてきたなら、まずは落ち着こう。

ここからの3つのパートでは、この3種類の思い込みを詳しく見ていく。

しかし同時に、あなたが日々、小さく、きつく結んだ行動の網の目を通して世界を見ているることを忘れないでほしい。

それはあなたが意識せずに選び、未来の指針として取ってある永遠の心の枠組みだ。人生を安全で生存可能なものにする、同じ状態にとどめるためのルールだ。

そこには矛盾もある。その枠組みは、あなたに成長を（またリスクを取ることを）求める一方で、本人に安全をもたらす枠組みを永遠に保持することも求める。

もう少し根本的な部分を話そう。今のあなたは、ダメになった自分を救い出す喜びを繰り返し味わうため、永遠に自分をダメにすることを続けている。

毎日、毎週、毎年、あなたは同じ視点で自分を見て、凝り固まった視点で他者を見て、いつもどおりの視点で人生を見ている。だから予測可能になる。

じゃあ、本格的に取りかかろう。

**まずは最も威力のある思い込み、すなわち「自分自身」だ。**

# PART 8

# 自分自身への思い込み

あなたは今、自分で見つけたその場しのぎの解決策の完全なとりこになり、幻の未来にすっかりおぼれている。そのせいで、それが幻想だということが見えていない。

## 自分への思い込みは前向きなものには決してならない

最初に明らかにする思い込みは、「自分自身に対する思い込み」だ。私はこれを「個人的な思い込み」と呼んでいる。

そう、**あなたは自分に対して、ひどい思い込みをして、繰り返し言い聞かせている**。それは無意識の深淵で聞こえる魅惑のささやき声だ。思考の裏側を流れ、あなたに取り憑《つ》いて自分磨きを促す一方、最後は元いた場所へ呼び戻す声。しかも個人的な声だ。

自分を破壊する行動を理解し、それに歯止めをかける道のりはここから始まる。ここまでの各パートで、私たちは抽象的な考えを使った準備をし、大人というのがどういう生き物かを明らかにしてきたが、ここからはあなたの問題に具体的に取り組んでいく。

自己破壊のパターンから抜け出すには、最初にこの一番重要な思い込みを明らかにしなくてはいけない。

個人的な思い込みが決めるまでの過程を説明しよう。

20歳までの形成期に、人は知らず知らずのうちに魔法のスポンジへ「宝物」を取り込む。

幼いころに見つけたものもあれば、もう少し大きくなってからのものもある。それは自分がどういう人間だと思うか、自分自身や自分の能力、何より自分の欠点をどう見ているかという自己評価だ。

**欠点が特に重要なのは、思い込みは前向きなものには決してならないからだ。**

それを先に言っておきたかった。「自分は超最高の人間だ」なんていう自分への思い込みが出ることはない。ありえない。

あなたも、ときにはにっこりと笑い、目をきらきらさせ、きれいに磨いた歯のあいだから、そんな言葉を発することもあるだろう。表面的には、その言葉を信じられるかもしれない。しかし実際には、心の奥底にあるものを「乗り越えた」なんていう言葉はまったくのでたらめだ。人生に我慢し、自分の尊厳を舞台の上でなんとか輝かせるためのトリックで、その下には見捨てられ、ないがしろにされ、改善の余地を残した自分が積もり積もっている。

それは自分に対する内なる批判の繰り返しだ。**人は自分をよく見せようと、欠点を口にして「完璧じゃない」ことをアピールする。**

現実には、自分自身に関する思い込みを把握している人はほとんどいない。たいていの人は忙しすぎたり、ほかのことにかかりきりだったり、人生に足を取られたりしていて、なぜ自分の人生がこんなふうなのかをじっくり考える余裕を持てない。

あなたは今、自分で見つけたその場しのぎの解決策の完全なとりこになり、幻の未来にすっかりおぼれている。そのせいで、それが幻想だということが見えていない。水槽の上で指をひらひらさせると、上のほうへ上がってくる小魚のようなもので、あなたはいつもいつも思い込みにだまされている。

ネガティブな思い込みを抱いているからといって、幸せや喜び、前向きな気持ちを味わえないわけではない。そうした人生は送れるが、私が言っているのはすべての基準となる自分の「基本線」のことだ。

思い込みは常に持ち歩くものじゃないし、買い物へ行くとき、列車に乗るとき、ソファーに寝転がって楽しみにしているドラマを観るときに最優先で考えているわけでもない。

そうではなく、思い込みは日々の暮らしに対する見方に塗りたくられ、目にするもの、視界に入るもののすべてをほんの少しゆがませ、にじませるワセリンだ。

ただし、何かにしくじったときは別で、その場合、失敗した事実は本人の首を絞める。

個人的な思い込みは、決して終わらず、変わらない心のガイドのようなものだ。絶対に取り外せず、どれだけいい人生を送っていようと必ず舞い戻ってくる。ビーチボールをずっと水に沈めておこうとがんばるようなもので、一時的に沈めることはできても、いずれまた浮き上がってくる。

## 自分への思い込みを見つけよう

自分自身に対する思い込みは当然ネガティブだが、同時にもっといい人生を送るよう本人を焚きつけるものだから、ちょっとした前向きな気持ちを折に触れて抱いたり、自分は大丈夫だ、順調な人生を送れている、これからもそうに違いないといったんは感じさせたり、ときには「うまくいったじゃないか」と思わせてもくれる。そのあとにネガティブな要素が戻ってくる。

さながら人生のシーソーで、あなたはその板の上で行ったり来たり、上がったり下がったりしている。2歩前に進めば、2歩後退する。そうやって人生に手綱をつけられている。今いる場所に縛られている。だから、状況が変わっても同じままでいる。

多くの意味で、状況は思い込みのダンスパートナーでしかない。それなのに、誰もが状況を変えることにばかり力を入れる。それじゃ、絶対に思い込みは変わらない。

あなたの個人的な思い込みは、必ず「自分」という言葉で始まる。

### 「自分は頭がよくない」

**「自分は負け犬だ」**

**「自分はみじめだ」**

**「自分はくだらない人間だ」**

**「自分は能なしだ」**

**「自分は愛されてない」**

**果ては、「自分は無価値だ」と言い出す人もいる。**


あなたもこうした「自分は○○だ」が思い浮かぶかもしれない。

「自分自身についてどんな思い込みを抱いているか」を自問しよう。**自分として生きる中の根源的な体験にして、ずっと乗り越えようとしているが最後にはどうしても立ち戻ってしまう生来の設計。そうした自分だけの思い込みを見つけよう。**


何かを証明し、アピールする必要のないひとりきりの場面で自分にかける言葉と言ってもいいだろう。そこにはあなたと、あなたの思考だけがいる。

思い込みは自分にまつわるものだ。ほかの誰でもないし、自分の外にある何かや、対応すべき状況でもない。あなたそのものであり、いろいろなことが言われたり、なされたりしている中での自分のためのもの、人生に追い詰められて誰も頼りにできない場面での真実の中の真実だ。

たとえば、「自分は頭がよくない」という思い込みを背負っている人は、教師や母親、友人から、「あなたは頭がいいんだから」と言われ続けても心に響かない。

あなたにしてみれば、彼らは何もわかっていない、周囲は何かがおかしいと思い、場合によっては本人も変だと思っていたかもしれないが、そういう人は、どれだけ成果を残し、評価され、資格を取り、知識やヒント、システムを得て称賛されていようと、自分自身に対する思い込みの魔の手を逃れられない。どんな見返りを得ようと、最後には元いた場所に戻ってくる。「自分は頭がよくない」、「よくなることは決してない」と。

その事実を、少しのあいだよく考えてみてほしい。

**生きてきた中で、自分自身に押しつけてきたしつこい評価に思いを馳せてほしい。**

## あなたは本当にあなたが思う自分なのか？

点を線でつなごう。

「自分は負け犬だ」という、ごく一般的な、個人的な思い込みを例に使うとわかりやすい。その言葉が、潜在的な思考という霧の中で常に鳴り響いていると思ってほしい。重圧やストレスがかかり、何かヘマをすると、必ずその言葉が聞こえてくる。

「自分は負け犬だ。わかっていたよ、またこれだ。何がいけないんだろう。どうしていつもうまくいかないんだろう」

そうした思い込みが、一連の思考と感情の奔流を自動的に生み出す。**根源的な思い込みとひもづけられた思考は、いろいろなところへ手足を伸ばし、やがて「自分には無理だ」「難しすぎる」「手に負えない」といった会話が膨れ上がっていく。**

ここまで来ると、それはもう単なる思考や背景のノイズなどではない。スイッチが入って聞こえてきた瞬間、あなたはその思い込みの世界に取り込まれる。支配される。

そういう一生を想像してほしい。クビになったとき、恋人が去っていったとき、誰かが昇進のチャンスをつかんだとき、あなたがおんぼろの車に乗ってあくせく働いている中、親友がタヒチでオーガニックサンオイルを塗るだけの夢の仕事を勝ち取ったと言ったときの、思い込みがもたらす骨をも砕くような衝撃を。

そうした場面を想像してみれば、「自分は満たされている」「自分は成功者だ」といったポジティブ思考や個人的な言葉がまったくのでたらめで、弱々しい役立たずな励ましだとわかるはずだ。何しろ、心の奥深くの中心部には鈍い痛みが走っている。自分は負け犬だ。誰がなんと言ったところで、それ以外の思い込みは思い浮かばない。

それがどうした、そういう内なる思い込みを抱いているからって、誰もがつらい生活を送っているとは限らないじゃないか、と思うかもしれない。ところが、そういうわけでもないのだ。

弁護士や医師、教師のような社会の「成功者」も、自分はたいしたやつじゃない、平均以下の人間だという根源的な思い込みを抱えている。彼らは毎朝ベッドから起き上がってシャワーを浴び、服を着替え、コーヒーを喉に流し込んでいつもの1日に飛び込んでいく。仕事に取りかかれば、思い込みなんてないふりをするゲームの始まりだ。それには、思い込みを思い出させるような人や状況は避け、操作しないといけない。

そうやって彼らは思い込みを心の裏側、視界の外の見えない場所へ隠す。

ところが、それはつらい作業だ。最悪の自分や、自分が考える才能の限界との戦いの日々。何日も、何週も、何年もかけて引き下げられ、縮められ、押しつぶされてきた限界に悩まされる日々がずっと続くのだ。

これでは、人生にすっかり絶望する人が多いのも当然だ。

私たちは、自分が演じたいと思っている自分にすぎない。
だからこそ、自分が何を演じているかには注意を払わなければならない。

――カート・ヴォネガット（アメリカの小説家）

ところが本人は、こういう演技をいつ、なぜ始めたのかわからず、人生のドラマと判断の重大さでがんじがらめになって、ついには思い込みを骨の髄から信じ込むようになる。繰り返すが、そうした自分との対話は常に手元にあるわけじゃない。人生は、思い込みを中心にして体系的に形成された組織と言ったほうが近い。

当然、誰かに話したくてたまらない内容じゃない。仕事にだらだらと取り組み、片手でその日2本目の栄養ドリンクを握り、もう片方の手で必死に助けを求める内容のメールを書きながら、最悪の不安を上司に打ち明けたい人はいない。

というより、**あなたの人生はすでに、思い込みを口外しないことがすべての中心になっている。**

そうせざるをえない。本当の自己評価が周囲に漏れたらどう思われるか。だからこそ、常に問題を乗り越えたふりをして自分を演じ、インスタグラムに理想の自分、少なくとも周囲がイメージしてほしい自分の写真を載せ続ける。

中にはそうした『マトリックス』のような虚構の世界にどっぷり浸かりすぎて、私の言葉を正面から受け止められない人もいる。自力で向き合える気がしないから、深く考えずに一蹴し、忘れたふりをしている。

だけどこれは映画じゃなくて、本当の人生だ。そしてこの作品では、あなたは反乱軍であり、機械の軍団でもある。すべてはあなたのひとり芝居なのだ。

**自分の見た目やしゃべり方、暮らす場所、生き方は、どれも自分のイメージの投影で、同時に表の顔からかけ離れた本当の自分を隠すためのもの**だと思ってほしい。

多くの人がぼろを出さないように必死にがんばりながら働き、生活レベルの維持や向上を目指している。それはいったいなんのためなのか。

なぜ成功は大切なのか。いったい何を乗り越えようとしているのか。

私としては、それは個人的な思い込みの重さを受け止め、なんとか手なずけ、そこから自由になりたいからだと主張したい。心の洞穴に身をひそめている、第1の思い込みから逃れるために。

## 苦境のとき、自分にどんな言葉を投げかけたか？

さて、あなたの自分に対する思い込みはどんなものだろうか。

このパートでは、それを考える必要がある。そして**個人的な思い込みを見つけ出すには、自分のこれまで生きてきた経験をつぶさに調べるしかない**。よく考える必要があるのだ。

あなたも今ここで、自分に向き合おう。人生の問題や願い、ニーズ、未来の予定といったすべてを振り返ってみよう。過去や理屈、言い訳は忘れ、心の奥底に眠る自分へのジレンマを見つけ出そう。お金持ちになりたいとか、モデルになりたいという昔からのこだわりのレベルにとどまらず、もっと掘り下げよう。じっくり時間をかけ、一番苦しくつらかった時期にしっかり目を向けよう。

**そこで頭に浮かんだのは、どんな思い込みだっただろうか**。それが固まるまでは次のパートに進んじゃいけない。

パーティーや人との交流を避け、「そういうのは好きじゃないから」と理由をつけている？　その場合、本当の理由は「自分はそういう場にふさわしくない」「場違いに見られる」「資格がない」といった思い込みから来る気まずさやプレッシャーかもしれない。本当の自分がバレるのが怖くて、人付き合いを避ける人は少なくない。

今の仕事を選んだのは、自分に合っていると思ったから？　だけど本当の理由は、「自分は頭がよくないから」で、予想どおりのキャリアと人生の道行きから離れられないのはそのせいかもしれない。

恋人ができないのは、仕事が忙しくて、運命の相手にまだ出会えていないからなのか、それとも心の奥底に「自分には魅力がない」とか「物足りない」とか「愛される資格がない」といった思い込みがあるからだろうか。

今の恋人との関係が破綻しているのは、単に相性が悪いだけなのか、はたまた支配的な思い込みの正しさを証明したい無意識に引っ張られて、誘われるようにその相手を選んでしまったからなのか。

正解はいったいどっちなんだろうか。

**苦境に陥ったときに立ち現れる、自動的で反射的な思考を明らかにしよう。**仕事をクビになったとき、昇進を見送られたときに頭に浮かんだのはどんな考えだったか。前の恋人と別れたとき、恋人を悲しませたとき、貯めるべきお金で散財したとき、サラダにするべきなのに揚げ物を食べてしまったときに思い浮かんだのはなんだったか。繰り返すが、**表面的な答えは脇へ置こう。**そうした場面で、自分が自分にかけたのはどんな言葉だったか。

そこまではわかっただろうか。

その答えが100パーセント明らかになったら、パズルの最初の重要なピースがはまったということだ。あなたが自分を逆戻りさせてしまうのは、このピースと深い関係がある。

今はまだ相手に手出しせず、ひとまず山頂に旗を立てるみたいにこう宣言しておこう。

**私の個人的な思い込みは「自分は○○だ」である。**

## あなた自身への思い込みを書き出そう

さあ、あなたの思い込みを書き出そう。自分の一番暗い秘密を文字にするなんて恥ずかしくて無理だと思うかもしれない。それでもペンを取りにいこう。私はここで待っている。

私はよく、「あなたはどうやって自分の人生を台なしにせず、成功を手にできたんですか」「バランスを維持し、楽しみながら、健全な人生の目標や課題を打ち出せているのはなぜなんですか」と訊かれる。

その理由はこれだ。自分に対する思い込みがはっきりわかっているからだ。

それがどんなもので、どういう印象で、気分や物の見方にどう影響するかを知っているからだ。放っておいたらステロイド剤を打ったマッドマックスみたいに人生を蹂躙《じゅうりん》する力があること、デフォルトの一番本質的な自分を掌握できなかったらどうなるかを理解しているからだ。

私はこのメカニズムを認識していて、認識しているからこそ、思い込みの手の届かないところで人生を送れている。**心の奥底へ分け入れば、自分自身の声が聞こえるし、そうした思考とそれを取り巻く感情をよく認識できる。**そいつがひそむ巣穴へ潜ってみれば、実体を伴ったものとして感じられる。

あなたにも同じことはできるが、まだその段階じゃない。目に見えないものを手なずけ、人生を取り戻すには、まだやらなくちゃならないことがある。

**人は誰しも、自分の視野の限界が世界の限界だと思い込んでいる。これは知性の過ちだ。**

**――アルトゥル・ショーペンハウアー（ドイツの哲学者）**

ここまでで無意識の影にひそむ自分自身への思い込みを完全に認識し、手なずけるための出発点にして土台はできた。

それでも、ここがゴールじゃない。先はまだ長い。自分という絵には、まだ明かされていない部分がたくさんある。

顔を上げ、周囲に目を向けよう。あなたはひとりで生きているわけではなく、まわりには……ほかの人がいる！

人間はほかの人と関わりながら生きている。その中には、もうまったく話さない人もいる。そういう人たちを人生から切り離しても、あなたの心にはちょっとした傷が残る。

それはつまり、関わりがまだ続いているという意味だ。話してなかろうが、5年、10年、場合によっては20年会っていなかろうが、そうした人たちは自分との対話、他者との会話の中で生きている。口に出す台詞や、自分自身にかける言葉の中で折に触れて登場する。

そう、彼らは今も「ここ」、つまりは心の中に存在している。

**自分は100パーセント孤独な人間だと思っている人でも、背景に他者の存在がなければ孤独にはなりえない。**それは公然の私的な生活で、ひとりきりの人生を送っていることを暴露しながら生きている。「ひとりにしてほしい。関わらないでくれ」といったプライバシーの尊重を求める発言は、他者がいてはじめて成り立つ公的なものだ。

「うそでしょう?」と思ったかもしれない。

あなたは自分では、うまく自分を隠しながら生きてきたと思っているかもしれない。しかし残念ながら、本当はみんなに見られているのだ。

というわけで、自分という絵を完成させるには、次に「他者に関する思い込み」を明らかにしないといけない。

**一部の他者だけでなく、関わってきた全員に対する思い込みを、だ。**

# PART 9

# 他者への思い込み

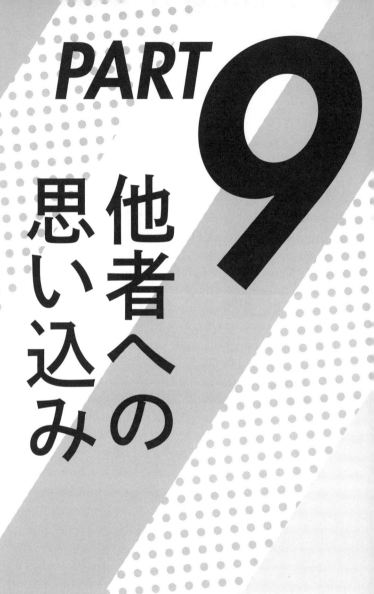

ゴミみたいな人生を送るのにも、
すばらしい人生を送るのと同じ
だけの努力がいる。
そして、どんな人生を送りたいか
を選べる人間は、あなたをおいて
ほかにはいない。

## あなたから見た「他者」とは？

あなたの中にある思い込みのひとつである「自分に関する思い込み」は、残念ながら、自己破壊へつながる不浄の三角のひとつでしかない。

見知ったものに囲まれた幼少期の小さな世界は、もっと大きな世界のひな形だ。家族が子どもに刻みつけた性質が強烈であるほど、大人になってから子どものころのミニチュアの世界を再び感じたり、目にしたりしやすくなる。

――カール・グスタフ・ユング

第2の思い込みは、他者を見通し、他者と交流する際の根源的なレンズのことで、私はそれを**「社会的な思い込み」**と呼んでいる。個人的な思い込みと同じで、幼いころに魔法のスポンジへ染み込むが、こちらは家族や友人、ご近所、先生、牧師など、人生の形成期の重要人物との交流を通じて育まれる他者への批判的な視点と言える。

そうした**小さいころの経験の数々を通じて、人は他者に関する思い込みを決める。それ**

**が自分にとっての他者像になる。**ここでも、意味を持つのは相手の実際の人となりではなく、あなたから見た他者だ。

これまでも何度か言ってきたように、他者があなたに直接的な影響を及ぼせるわけではない。あなたは本来、他者の被害者じゃない。それでも被害者になるのは、あなた自身がそうなることを決めるからだ。

この言葉に腹が立ったなら、それは被害者と呼ばれることに反応したからだ。あなたは人生を通じて乗り越えようとしてきたレッテルと戦っている。被害者だろうが、そうでなかろうが、決める権利はあなたにしかない。そういう人生にしたのはあなた自身だ。

そして、**他者に関する思い込みを明らかにするのは、誰かのせいにして固くこわばったみじめな自分になるためじゃなく、自分を理解して力を得るためだ。**

うれしいことに、人生をめちゃくちゃにしたのは自分だという事実を受け入れたら、元に戻せるようになることも同様に受け入れているのだ。

私はよく、「自分には力があるのを思い出しましょう」とクライアントに言う。ゴミみたいな人生を送るのにも、すばらしい人生を送るのと同じだけの努力がいる。そして、どんな人生を送りたいかを選べる人間は、あなたをおいてほかにいない。

## 「思い込み」という泥沼

社会的な思い込みは、生存手段になる。人はみな安全と安心を求めていて、そして他者は人生の中でも一番予測がつきにくい。だから**他者に対して一定の思い込みを決めることで、まったくの未知の存在と、他者という脅威に対してなんらかの確証を得ようとする。**

残念ながら、人は生き残る必要のないことであっても、生き残らなければならないと思い込んでがんばってしまう生き物なのだ。

「うまくやれる」かどうかで不安になる人は多い。人間関係や初デート、講演、クレジットカード会社からの電話、会議での積極的な姿勢、結婚式のスピーチ、スーパーでのレジ待ち……。そんなとき、心の中では生き延びたいという、昔ながらの自動的な直感が渦を巻く。しかし、そうした場面で生存モードに入る必要が本当にあるのだろうか。それはただ、自分にとってリアルな他人に対する思い込みを生きながらえさせているだけだ。

では、「社会的な思い込み」とはどういったものか。前のパートでは、３つの思い込みは基本的にネガティブなものになるということを話し、それを自分自身に対するネガティブな思い込みで確かめた。他者に関する思い込みについても、同じことが言える。

今回の場合、**思い込みは「他人は強引だ」とか「他人は信用できない」といったものに**なる。こうした思い込みが魔法のスポンジに染み込むには、1つか2つの事件があればじゅうぶんで、そして知ってのとおり、無邪気な子ども時代に暗い影を落とすイヤな出来事は山ほどある。ぶたれたり、いじめられたり、ネグレクトされたりといった非常につらい経験もあれば、もっとありふれたトラブルもあるが、出来事の深刻さにかかわらず、それらはどれも心の奥深くを流れる思い込みになる。

自分が抵抗した出来事は、抵抗したがゆえに、人生に長く影響を及ぼす。**そうやって人はみな、「思い込み」という名の泥沼にはまっていく。**

私のクライアントの中にも、一見するとのんびりした子ども時代を送りながら、大人になってからの人生がうまくいかず、その理由もわからない人が多くいる。そういう人たちに対して、私は彼らなりの思い込みを見つける手助けをする。

どれだけかまってほしいと頼み込んでも、親はテレビの世界に逃げ込んだままで、ベビーシッターの腕の中で泣き叫んでいるのに見向きもされなかった人もいるかもしれない。子どもにとっては、デパートで1分か2分、父親がどこかへ行っただけでも重大な思い込みが生まれ、無意識に思い込みが組み込まれるにはじゅうぶんだ。

こうした出来事ひとつで、魔法のスポンジには「他者は自分の前からいなくなる」「他者を信用しちゃいけない」「他者は自分のことなんかどうでもいい」といった思い込みが簡単に染み込んでいく。そして、その見方を証明する証拠集めの人生が始まる。

え、たったそれだけで？　父親とお店で数分引き離されただけでそんなことになるの？　そう、可能性はある。少なくとも、そのようにして思い込みが生まれるのは間違いない。そうした思い込みがひとたび生まれてしまったらもうおしまいで、魔法のスポンジは徐々に固くなり、出来事自体の記憶がみずみずしさを失っていく中でも、スポンジの中に取り込まれた染みと痕跡はいつまでも残る。無意識に刻まれる。どれだけ洗剤でこすっても拭い去ることはできない。瞑想ではそこから抜け出せない。

大人に成長していく中で、こうした思い込みは本人の心に取り憑き、人付き合いや交流の基本線となる。どんな人と会うときでも、その思い込みが交流の基準になる。人はみな、常に社会的な思い込みのレンズを通して周囲を見ているのだ。

一方で、私たちは自分の行動や話し方、服装を使って自分自身をゆがめ、飾り立てる。

そうやって自分の一番痛々しい真実、心の中の思い込みが他者にバレるのを避けようとする。

それは、3つの思い込みが自分を弱く醜い存在に見せるからだ。だから隠そうとする。

## 私たちは他人にレッテルを貼り続けている

自分に対する思い込みと同じように、今回も現実として思い込みの存在を捉える必要がある。

**思い込みという視点で誰かを見るとき、私たちは同時に、相手がその思い込みにどれだけ近い人間かを評価している。**思い込みに合致しているか、それとも矛盾しているか。

たとえば、「他人は自分を利用しようとしている」という思い込みを抱いている人は、自覚のあるなしにかかわらず、会う人すべてを「この人は自分を利用しようとする人間か」という心のフィルターでテストしている。

そんな見方をしていたら、常に人と距離を取りたくなるのも当然だ。

相手のウソに気づいたら、残念ながらその人は不合格。「お世辞を言って便宜を図ってもらおうとする」人間も不合格だし、「裏で悪口を言う」人間も不合格だ。あなたはいつも、そうした声の中で合否を判断している。

「感覚」テストもいつだって頼りになる。「この人はなんとなく気に食わない」という感覚はどうしようもない。

会ったばかりの人を不合格にするのも、ずっと以前からの知り合いを不合格にし続けるのも楽勝だ。心の「合否判定」システムは常に作動している。バーコードを読み取る機械のようなもので、ピッ、ピッ、ピッと機械を通すが、クリアできる人はひとりもいない。

そして、何かのきっかけで読み取り機が作動した瞬間、人は自動操縦モードに入り、相手を追い詰めるための証拠集めに入る。そして証拠が集まったらNGのレッテルを貼る。ダメなやつとみなす。**問題は、一緒に自分もダメになってしまうことだ。**

なぜなら、誰かにレッテルを貼った瞬間、降りられない列車に乗ったことになるからだ。一度レッテルを貼ったら最後、奇跡や革命でも起こらない限り、相手をもう一度いい人とみなすのは不可能になる。思い込みを箱の中に閉じ込めて、二度と出さなくなる。

家族に対しても、友人や知り合い、見知らぬ人、恋人に対しても、そうした根源的な思い込みがある。そして悲しいことに、本人も周囲と同じようにその思い込みに囚われる。だから、他者と表面的なレベルでしか知り合えない。

とはいえ、からくもテストを通過する相手もいる。そうした「合格者」はその後も付き合いが続く。少なくとも特に親しい仲の人は、合格者だとみていいだろう。親友も合格者なら、今のところは伴侶や恋人も合格者だ。

テストに完全に合格したわけじゃないが、完全に落ちたわけでもない知り合いも現れる。そうした相手との関係を表すのにぴったりの言葉は、「ほどほどの仲」だろう。合格でも不合格でもないが、将来有益になるかもしれない人たちだ。

そして、なんとかテストに合格してフィルターを通り抜けた相手も、ずっと安泰というわけではなく、たったひとつ大きな事件があればすぐさま落第のカテゴリー行きだ。一方でテストに合格しなかった面々は、ダメだと決めつけられる。アウトだとみなされる。

最初にテストを受けるのはたいてい家族で、レッテルを貼るまでの過程は人によって少し異なる。時間をかけて静かに否定し、親しい相手、愛せる相手を減らしていく人もいる。「愛情と親愛の死」だ。

まわりはテストされていることに気づかないし、そもそも本人がテストをしていると気づいていない場合もある。それでも、相手に対する行動の中にちょっとした兆候が現れる。

最初はメールを返したり、電話に出たりが少し遅れるようになり、最終的には付き合うのをやめ、その相手を避けるようになる。

もちろん、一瞬で「ナシ」の判断を下す相手もいる。

**こうした生き方の問題は、本当の相手の姿や、思い込み以外の姿がある可能性をまったく見ていない点にある。**自分の思い込みを通じてしか見ていない以上、テストは常に不公平だ。相手は不合格になる運命にある。

## 他者に仕返しをしているヒマはない

中には、自分には話の合う友人や仲間がいると言い張る人もいるかもしれない。

チャイラテとオレンジマフィンを囲んで、あるいは大好きなハイネケンを片手に語り合い、「自分の上司は最低の野郎だってことで意見が一致した」と言える相手がいると。

しかし、そんなのは単なる思い込みの確認やゴシップにすぎない。そうした場面では、そういうくそくだらないものも生まれやすい。

ゴシップは無害などではないし、楽しくもない。ゴシップを語るのは、うしろ向きで独りよがりなたわごとを触れ回っているも同然だ。

他人の話をするのはやめよう。自分の人生の当事者になり、人生を変えるのに、ゴシップは邪魔になる。


**人の性質は、口にする内容で決まるということを忘れないでほしい。**

ゴシップに夢中になると、次第に人を裏切ってもなんとも思わなくなる。そうなるくらいなら、新しい友人を見つけ、最低限の品位を身につけたほうがいい。

浅い付き合いの連中とその場にいない人間の悪口を言うのではなく、もっと建設的な会話に参加したほうがいい。


私も、ただ理想論を口にしているわけじゃない。

くだらないことをする連中がこの世にいるのは知っている。人をだまし、ウソをつき、操り、盗みをはたらき、自分の利益のためなら相手がどうなろうとかまわないと考える人間がいるのはよく承知している。

それでも、今ここで問題にしているのはそういうことじゃないし、どう仕返しするかという話でもない。**今話題にしているのはまわりの人間じゃなく、あなた自身のことなのだ。**

私には仕返しをしている時間なんてない。仕返しと業《カルマ》はまったく別のものだ。仕返しをする人間は、ただ怒りと憎しみと復讐心に駆られているだけだ。

業はいつだって中立だ。

復讐に人生を捧げたことで、それを痛感した人もいるかもしれない。

復讐は自分で背負わなければならない重荷になる。「平気さ」と口で言ってはいても、罪悪感は間違いなく残り、その重さはやがて想像もつかない形で本人を深みへ引きずり込む。

では、どうすればいいのか。まず、私は他者のダメな部分を許容しない。悪いのは相手で、そんなものにいつまでも付き合っていられるほど私はヒマじゃない。私は進歩的で、予断を持たない、自由な本当の自分だ。

「予断を持たない」というのは言葉どおりの意味で、私は他者を判断できる立場にない。人は誰しも自分なりの選択をする権利がある。

とはいえ私にも、このアプローチがどういうものかを教えることはできる。

もし、私についてきてくれる気があるなら、ルールを守ってもらう必要がある。その気がないなら、それでいい。

あなたの覚悟が決まるまで、私はここにいるし、この道を進む心づもりがどうしてもできないなら仕方ない。考え方は人それぞれだし、すべてはささいなことだ。

10年後、20年後、50年後にあなたがここにいたことを覚えている人はひとりもいないだろう。あなたがどんな自己破壊に人生を捧げたかも、どうでもいい話になっているだろう。

誰かに何かされたからといって、それで自動的に自分の性格が変わるわけじゃない。それで性格をゆがめていたら、小さい人間になる。

**誰かの怒りに対して怒り、憎しみを憎んでいたら、劣ったバージョンの小さな人間になる。**

**自分と他者とのあいだの許しや愛情、絆を大切にしよう。**

そう簡単に手に入らないのはわかっているが、やらなくてはならない。がんばろう。がんばってそういう人間になろう。そうすれば、人からないがしろにされることもなくなる。

愛情や自己表現は、世界に対して表明するものであって、かつて友情や人間関係が花開いていた廃墟で消し去ったり、ゆがめたりするものじゃない。憎悪は意識の低い愚か者のすることだ。

人はみな間違いを犯し、あとで自分の首を絞める行為に手を染める。そうした過去について、「やらないほうがよかったね」と言いたいわけじゃない。

言いたいのは、**自分で自分をどういう人間に変えてきたかに気づいてほしい**ということだ。目を覚まそう。

## 他者への思い込みを書き出そう

前のパートでは、自分自身に対する思い込みを明らかにする必要性を説いたが、**他者への思い込みを突き止めることも同じように重要だ。**しかし、無意識の奥底に埋まっているものをどう見つけたらいいのだろう。

そこでここからの数ページは、書いてある内容を自分に引き寄せて考えながら、他者に対する隠れた思い込みを見つけ出してほしい。

まず、**自分の無意識の思考回路に対して意識的な言い訳をしたくなるのはどんなときか**を考えよう。それが思い込みを探るヒントになる。自分が言い訳をしているタイミングをなんとかして認識し、言い訳している自分を捕まえよう。

ここでは、きちんとした問題に対するきちんとした理由は考えなくていい。考えてほしいのは、「友だち」にパーティーや夜遊び、夕食に誘われると、太陽の下へ引きずり出される吸血鬼みたいな気分になるといった話だ。誰かがビジネスのアイデアを口にした瞬間、「こいつは自分をだまそうとしている！」と感じるのもこれに当てはまる。

おそらくあなたは、他者になんらかのレッテルを貼っている。レッテルは自動的に避けたい他者の性格や癖、才能などに貼り、思い込みはそのすぐ下にあって、あなたをいら立たせる。

他人は頭がよすぎる？　そのせいで、傲慢で強引に見える？　だからそうした人を避けている？　そうしたことは、他者というもののどんな特徴を物語っているだろうか。

**他者を予測するのに、あるいは理解するのに使いやすい、一般的で普遍的な思い込みはなんだろうか。**

薄っぺらなたわごとは脇へどけ、上っ面の思考をかき分けて、自分に真実を伝えよう。自分が本当の意味で避けているのは、他者のどんな部分か。自分にとって他者とはなんなのか。

「他者に対する思い込み」は、どんな形でも取りうる。

**「他者はばかだ」**
**「他者は信用できない」**
**「他者は怖い」**
**「他者は頼りにならない」**
**「他者は冷たい」**
**「他者は自分勝手だ」**
**「他者は残酷だ」**
**「他者は強圧的だ」**

自分の他者との触れ合い方の基本線に当てはまるのは、このうちどれだろうか。どれにも当てはまらないという人もいるだろうが、ここで挙げたのはほんの数例でしかない。**本当に考えるべきは、自分にとっての他者とは何か、だ。**

忘れないでほしいのだが、思い込みはみな批判的な性質を帯びている。今回の場合は、周囲への嘆きのような形になるだろう。

自分の心に響くフレーズが見つかるまで先へは進まないでほしい。あらゆる人との触れ合い方にしっかり当てはまるものを見つけてほしい。

やり方はもうわかっているはずだ。書き出そう。

## 私の社会的な思い込みは「他人は○○だ」である。

これは単純な他者に対する意見ではなく、人間というものに対して下した根源的な思い込みだ。空白部分が埋まったら、第1の思い込みを思い出そう。絵はもう少しで完成だ。

そろそろ最後の思い込み、人生そのものに対する思い込みの話へ移ろう。

誰もが持っている人生を見つめる視点は、自分にとって非常に根源的かつ個人的なレベルで魅力がある。

「人生は冒険だ」とか「人生はすばらしい」といった言葉はよく聞くが、もうちょっと掘り下げてみよう。魔法のスポンジの中には、どんな人生観がひそんでいるだろうか。

気合いを入れよう。今度の相手は強敵だ。

# PART 10

# 人生への思い込み

人はみな、夢を上書きする。あるいは壊されないように暗がりへしまい込む。隠そうとする。

あとの人生に希望を残したくて。

その代わりに今という瞬間の生きがいを失う。

## ポジティブ思考に逃げ込むな

自分に関する思い込みは見つかった？　OK！　他人に対する思い込みは？　こちらもOKと。

じゃあ次は、多くの人が3つの中で一番重いと考える第3の思い込みに取りかかろう。

今回は、「人生に対しての思い込み」だ。あなたは人生をどう感じているだろうか。

**ここで考えるのは、あなたの人生じゃない。人生というもの全般だ。**家族や人間関係、仕事の状況やご近所、住んでいる街などを含めた自分の現在地を振り返ったときに、胸にどんなものが去来するか。視線をもっと先へ向け、社会問題や関心のある政治ニュース、国や世界が直面している問題や悲劇についても考えてみよう。

人生というのは、巨大で、複雑で、予測不能で、ときに完全に圧倒される力を持っている。だから、前向きな姿勢を取ったり、せちがらい世の中から自由になるのに霊的な体験を求めたくなったりするのも無理はない。もう少し長続きするものや、つらい日々の生活からの迂回路がほしくなるのも当然だ。

しかし、私はそうしたポジティブ思考が嫌いだ。**ポジティブさは、山火事のように社会へ広がるくそったれな病気だ。**ポジティブさ自体はかまわないが、ポジティブ中毒にかかった人は、そうでない人を見つけると、その毒の粉を気にせずまき散らす。

彼らは人間関係が悲惨なことになっている人に対して、顔を上げようと無理難題を突きつける。甘ったるい善に足を取られ、状況の重大さを見て見ぬふりをしたり、自分は悲惨な状況になんていないと頭から否定したりして、やがては手遅れになる人も多い。

そもそも、人生はすばらしく、明るい出来事で満載だと本気で信じているなら、ポジティブ思考を口にする必要なんてないはずだ。リマインダーやインターネットを使って常にポジティブな状態を保たなければいけないなんてことはないはずだ。重力のようにいつもそこにあって、あまりにも当たり前だったなら、重力のように気づかないものになっているはずだ。

ところが、現実はそうじゃない。なら、そこにあるものはなんなのか。

ほとんどの人は、前向きになろうと自分に言い聞かせ、明るい人生を描いたポジティブなストーリーを語り、心の底では真実だとわかっているものから目を背けなくてはならない。

つまり、無意識の底には、こんなふうな人生への思い込みが巣くっている。

**「人生はつらい」**
**「人生は複雑だ」**
**「人生は苦闘だ」**
**「人生は手に負えない」**

ほかの2つの思い込みと同じで、人生への思い込みも明るくなるなんてありえない。

もっと言えば、自分自身や他者への思い込みも心をざわつかせるが、本当の意味ですべてにふたをしているのは人生の捉え方だ。

誰もが友人にしか語らない小さな思い出を抱えている。
また、友人にも語らない、自分以外には秘密にしている思い出もある。
ところがさらに、自分に語ることすら怖いものもある。
ごく普通の誰しもが、そうしたものを数多く心の中にしまっている。

——フョードル・ドストエフスキー（ロシアの小説家）

## 「人生はつらいもの」と自分に言い聞かせていないか？

自分では気づいていなくても、人生に対する思い込みは日々の道行きを決める影響力を持ち、重荷となって悲惨な結末をもたらす。

たとえば、「人生は苦闘だ」という思い込みを抱いている人は、身につけてきたポジティブな姿勢や勤勉さ、論理的な思考を総動員して、その苦しみをなんとか乗り越えようとするが、実はそれでは苦しみはいつまでたっても消えないし、自分にとって簡単すぎる、あるいは難しすぎるように思える変化のチャンスを見逃したり、握りつぶしたりしてしまう。あるいは、勝ちが見えた段階で自分を破壊し始める。

そうやってまた、苦しみの中へ転がり落ちていく。

こんなふうに思ったことはないだろうか。「これを食べるのをやめれば」「あれにお金を使うのをやめれば」と。そう言いながら、やめられなかった経験はないだろうか。

しかし、私たちは苦闘を避けるのではなく、そのまま続けてしまっている。同じ間違いを繰り返し、同じ落とし穴に何度もはまっている。

人生の問題の多くは簡単に解決できるはずなのに、どういうわけか私たちにはそれができず、やろうとしない。過去を振り返れば、都合のいい説明を何度もしてきた自分が見つかるはずだ。

そうやって、**本人をひとつところに縛りつけるのが「人生の思い込み」**だ。

たとえば、「人生はつらい」という思い込みに突き動かされているある人は、外から見ると最高の人生を送っているように見える。夢の仕事や家族を手に入れているからだ。ところがその人は、別の何かが自分を地下へ引っ張り込もうとしているのに気づいている。それでもなんとか粘り、人生のいろいろな場面で勝利を収めている。

しかしそれは長続きせず、やがて必ず「つらさ」に行き当たる。膨大な数のメールに、会議、恋人や子ども、両親、友人からの膨大な不満。時間や資金、知識の不足などだ。

心の中の戦況と、外界での戦況はたいてい一致しない。

一方で、ポジティブな状況などではまったくない人もいるだろう。そういう人は、自分がまさにどん底にいて、苦労して手に入れた過去の成功さえもが破滅へ向かう運命の一部だったように感じている。

ごく薄い刃の上を歩くような人生、泣き出したり、怒り出したり、絶望にくずおれたりする寸前の毎日が続く人生だ。見せかけの人生を築いてきたから、誰にもつらい胸の内を打ち明けられず、誰も助けてくれないと思い込み、最後は毎日「あともう1杯」の誘惑に屈し、救いのない絶望的な不幸の谷へ落ちる寸前の自分をなんとか救い出そうとする。

走って逃げようとするが、もうその力が出ない。息が切れ、アイデアも尽き、壁は両側から迫っている。パート8とパート9でも説明したが、思い込みが人を突き動かす力はコントロール不能なほど強力で、立証もできない。**人が思い込みにすがるのは、やわで不確かな人生に確かな土台がほしいからだ。**

とはいえこの苦しみは、いったいいつになったら終わるのだろうか。

そこにあるのは一般的な問題ではなく、あなただけの問題だ。自分独自の問題を抱えているから、あなたはばかげた毎日を続けている。そう、ばかげた人生だ。人生そのものがばかげた状況に陥っている。

**すべては、あなたが「人生とはこういうものだ」と自分に言い聞かせているからだ。**

## 思い込みが「ガラスの天井」になっている

みなさんの中には、何かの本を読んだり、セミナーに参加したりして、「なるほど、やっと自分のことがわかったぞ」と思った経験がある人がいるかもしれない。

そのときは胸に響く、違いを生み出せる何かをつかめたような気がする。しかし、それは本当に自分の本質に迫るヒントで、自分の生き方を説明する理由になっているだろうか。

多分違うだろう。

違う可能性が高いのは、人生に対する自分の思い込みの魔の手を逃れる方法はないからだ。意識的な思考のレベルではわかったと思っても、無意識の思い込みは別の考えを持っている。そして、最後に勝つのはいつだって思い込みだ。

**しかし、人生で味わう勝利は、どれも思い込みに対する勝利だ。**

昇進や事業の成功は、キャリアや金銭面での成功ではなく、本人が無意識に決めつけた

「人生は苦闘だ」とか「人生は不公平だ」といった考えに対する勝利なのだ。
ところが、最悪な出来事が起こり、気分が沈むと、思い込みが戻ってきてこう言う。
「な？　やっぱり人生は不公平だろう？　そうでなきゃ、自分はクビになんかならなかったはずだ。人生は苦闘なんだよ」と。

もっと言えば、**人が作戦を立てて何かいいことを実現しようとするのは、すべて心の中の思い込みの影響だ。**「人生はつらい」と心の底で信じていなかったら、人生を軌道に乗せるのにがんばる必要もない。ただソファーに日がな1日座ってテレビや、植物の生長や、お気に入りの下着がバカンスでもしているみたいに洗濯機の中をぐるぐる回るところを眺めていればいいはずだ。

---

自尊心を使って、人は自分をだまし続ける。
ところが、ありふれた良心のはるか下をのぞき込めば、そこには小さく静かな、何やら調子外れの声が響いている。

――カール・グスタフ・ユング

---

勝利まであと少しで、トンネルの先に光が見えたと思ったら、成功が指のあいだからすり抜けた経験はないだろうか。そういうことが起こるのは、その成功が自分の根源的な思い込みを脅かす可能性があるからだ。

ゴールテープを切る直前で転んでしまう。あるいは、走るのをやめてしまう。もっと別のぴかぴかで、よさそうで、大きな何かに目を奪われてしまう。そうやって、思い込みは秘密のテクニックを使って成功から気を逸らそうとする。

成功目前で、無意識がやかましく騒ぎ出す。「待って、こんなのは間違っている。人生は苦闘なんだ。こんなに簡単にいっちゃいけない。もっと別のものだよ」と。そして本人は足をもつれさせて倒れる。もしくは成功をひっくり返す。

本人はこう考える。「そうなの？　人生は満たされないものなんだから、満たされちゃいけないのかな。不公平で、危険で、絶望的なものなのかな」と。

心の中に見えないガラスの天井があって、そこを越えようとした瞬間にあなたは地の底へたたき落とされる。そして頭を天井へ、お尻を地面にぶつけながら、あなたはまたしても自分の人生に対する思い込みを証明するのだ。

誰でも成長し、今以上の賢さや強さ、安全を手に入れることはできる。しかし、思い込みの先へ行くことは決してできない。成長や成功といった体験はもろくはかないものだ。

## 自分が思い込みに突き動かされていることを受け入れよう

もちろん、正反対のタイプもいる。今見たような「人生はつらい」という思い込みを努力で乗り越えようとする人とは別に、思い込みに対してあきらめることを選ぶ人たちだ。自分の思い込みにすっかり毒され、縛られて、抜け出そうとすらしない人もいる。今の生き方に「甘んじる」人生と呼ばれるもので、自分の内なる対話に削られ、縛られ、方向を定められ、屈服してしまっている。

頭脳も能力もあるのに、自分のポテンシャルをまったく発揮できない人は大勢いる。本人も自分でそれをわかっている。こういう人たちの知性や直感は、思い込みをいっそうリアルなものにする一種の呪いだ。彼らはもっと大きな違いを生み出し、人生の場外ホームランを打てると知りながら、足踏みを強いられている。

「人生は絶望」が思い込みなのに、ポテンシャルの限界を追求する意味がどこにあるのか。目標はもう少し、いや、ずっと低く設定したっていいじゃないか、というわけだ。

無知は喜びだ、と彼らは言う。誰よりも直感の鋭い人間は、誰よりも人生に幻滅し、斜にかまえた見方をしやすい。彼らの思い込みは最強の破壊力を持ち、しかも最高の相棒として、一見すると理性的で論理的な説得力のある言い訳も用意してある。それでも言い訳は、言い訳だ。

**どんな思い込みも、現実にふたをする言い訳に使われる。**人はみな、人生を説明する。前にも言ったが、説明の問題は、言い訳にはまったく見えない、少なくとも本人にはそう思えないところにある。

たとえば、「お金が諸悪の根源だ」「お金では幸せは買えない」といった類いのことを言う人がいたとする。そうした考え方が高じて、仕事や教育、マイホームなどをあきらめて、物質的な生活から遠ざかろうとしている人もいるかもしれない。消費主義や物質主義の落とし穴を避け、幸せの積み重ねを大事にしようということもよく言われる。

しかし、いったいどれくらいの人が、そうした人生観を本気で証明しようとしているのだろうか。自分自身に対する説明に甘んじ、その考えを盲目的に、よく振り返りもせずに信じ続けているだけではないのか。そうやって、実際は何かを避けているんじゃないのか。

実は、富や成功を得る過程での困難や努力、重荷、ストレス、モチベーションといったものから逃れようとしているだけじゃないのか。みんなの前で失敗する姿を見られるのを怖がって、チャンスすら避けているんじゃないのか。

私は自分がなんでもわかっているとは思わないが、お金持ちになるのを「望まない」人も、大金を渡されたらきっと喜んで受け取るだろう。

まだ気づいていない人のために言っておくと、これはお金の話じゃない。

まずは自分の「真実」を正面から見据えようという話だ。自分がこれまで大事にし、めったに、場合によってはまったく疑問に思わなかった人生の要素に目を向けようという話だ。要素は仕事のこともあれば、生活や個人的な成果のこともある。

そうしたものを掘り下げ、**自分が証拠をかき集めて抵抗しようとしているものがあることを認めよう。**

**自分がずっと前に決めた思い込みに突き動かされていることを受け入れよう。**

---

習慣の理由と目的は常に嘘であり、その習慣を非難され、理由と目的を訊かれた際に生まれる後付けでしかない。

---

――フリードリヒ・ニーチェ（ドイツの哲学者）

## 人生への思い込みが、可能性を押しつぶしている

私のクライアントの中に、「人生はフェアじゃない」という思い込みを見つけた女性がいた。女性は何カ月もかけて、人生の予測可能な道のりを織り成す正義と公正の糸をたぐっていた。

そして、その思い込みによって友情が壊れ、上司からは煙たがられ、家族との仲が悪くなり、いつも不公平感を抱いていることを発見した。

正しいのはどっちで、何が公正なのかといったことを彼女が常に主張するせいで、夫との関係にもひびが入り、やがては破綻していった。そこにあるのはもはや愛情や絆、情熱ではなく、平等への執着だけだった。そのレンズを通して人生を見通し、そしてもちろん、その人生観は単なる見方ではなくなっていた。少なくとも女性にとっての真実になっていた。

そういう人生を想像してみてほしい。人生自体が根本的にアンフェアだという見方から毎日が始まる生活。そうした考えが、生き生きとした体験に影を落とさないはずがない。

そういう見方の人は、すでにそのシナリオの被害者になっている。あえて探さなくても、悲劇や不幸はそこら中に転がっている。

私自身、自分なりの仕事観を軸に人生を築けていると思うが、ときには燃え尽き症候群に陥ることもある。要因は「人生は苦闘だ」という私の思い込みにある。そして、あなたにとっての思い込みと同じで、頭の中で響く雑音などではなく、もっとリアルだ。

私の場合、その思い込みのせいで、何に対してももっと激しく戦わなくちゃいけないという気になる。そういう考えの人間と一緒にバカンスに行ったらどうなるか。私は休暇先でも、そこらへんをうろつき、やることを探して回る。リラックスしたり、落ち着いたりできず、心が安まらない。人生と同義の苦闘に身を置きたくてたまらず、なんでもいいからと、やることをせかせか、そわそわと探し回る羽目になる。

目的地へ向かう途上でもそうした思考回路がすでに作動していて、早く仕事の炎の中へ戻りたくてたまらなくなっている。

それが「苦闘」から抜け出す方法だと思っているが、実際にはそんなことはまったくない。

仕事に精を出しても苦しみは残る。いつまでも続く。そして、**自分で思い込んだとおり、**

**人生はまさに苦闘になる。**うまくいっているときでも苦しさを感じる。

勘違いしないでほしいのだが、私にもあなたと同じように、鳥がさえずり、肺が前向きさで満たされ、意欲に燃えて行動を起こす日はたくさんある。それでも人生の基本線、すべての出発点はそう変わらず、1時間後、今日の午後、今夜、あるいは明日の朝には元いた場所に戻っている。

それでは、モチベーションが枯渇するのも無理はない。人生は終わりなき苦闘だという考えが頭にあったら、モチベーションを維持するのは難しい。「がんばってどうなる？」と思いたくなることがあるし、「くそったれ」と言って無意識に現状に妥協し、屈服したほうがずっと楽なときもある。

人はみな、夢を上書きする。あるいは、壊されないように暗がりへしまい込む。隠そうとする。あとの人生に希望を残したくて。そうやって、代わりに今という瞬間の生きがいを失う。

**あなたの人生の思い込みも、生きがいを奪い、可能性を押しつぶして支配する。**

朝起きた瞬間、人はそこにある現実に足を踏み入れる。自分の現実に。自分の思い込みに。あなたの考える人生は、いったいどんなものだろうか。

## 人生への思い込みを書き出そう

人生に対する思い込みから離れて生きたいと思うなら、**まずは思い込みが何かを明らかにしなくてはならない**。そして、今はそれを知る最高のタイミングだ。

人生への思い込みは巧妙に隠されていることが多いから、見つけるのが難しい場合も多い。人生の各所に行き渡り、浸透しているから、正確に特定するのが難しいのだ。

私としては、**思い込みそのものよりも、「思い込みの性質」を明らかにすることが何より大切**だと思っている。

「人生はつらい」と「人生は苦闘だ」に大差はなく、人生に向き合う姿勢に与える影響は似通っている。「人生は危険だ」と「人生は怖い」も同じで、どちらも人生に対する非常に具体的な見立てを指し、腹話術師の汗ばんだ手みたいに、人生を裏から操る力を持つ。

それでも、思い込みがちらっと姿を見せ、水面近くに浮上してくることがたまにある。追い詰められたり、苦しい状況が続いたりしたタイミングで、目の前に姿を現す。

うまくいっていないとき、あなたは人生について何を自分に伝えるだろうか。

苦しい時期は、人生のある部分、場合によってはすべてにおいて思い込みに心を囚われているときだ。

負けたり、失敗したり、拒絶されたり、うまくやれなかったりしそうで、いっぱいいっぱいになったとき、思い込みはあなたを洗い流す。

「うまくいきすぎている」タイミングや、先がまったく見えない状況、自分を大きく変える必要がある領域に踏み込もうとしたところで、思い込みは顔を出す。なじみのある水底へ引き戻す。そしてあなたはまた、自分を破壊し始める。

**自分にストレスがかかり、やる気を失っているタイミングに、特に注意しよう。そうした瞬間に頭に浮かぶ、お決まりのパターン化された思考はなんだろうか。**

今はそう感じる瞬間がないという人は、過去にそういったことがなかったか考えよう。最後にたたきのめされ、押しつぶされたのはいつだっただろうか。子ども時代を振り返れば、困難や苦しみ、危険を味わい、幼い自分に大きく影響した経験が思い浮かぶはずだ。そのとき、あなたはどんな思い込みを決めただろうか。両親が離婚したとき、留年したとき、サッカーチームを作れなかったとき、急に人生の捉え方が変わり始めなかっただろうか。

子ども時代には、そういった出来事がいくつも降りかかる。そのたびに、人生になんらかの意義や特性が生まれ、魔法のスポンジのすき間の奥に染み込み、やがて人生の指針となる。

あなたにとって、人生とはなんだろうか。「わけがわからない」、あるいは「危険」で「手に負えない」「無意味」なものではないだろうか。

そして最後に、**いつか手に入れたいと思っているのに追いかけたことがない、もしくは絶対に手に入りそうにないものを考えてみよう。**

あなたの今の夢はなんだろうか。バリ島やハワイへの移住だろうか。痩せたり、背を伸ばしたり、お金持ちになったりすることだろうか。マイホームやマイカー、理想の体型を手に入れることも夢のひとつだろうか。いずれにせよ、それは夢とは名ばかりの限定的な目標でしかない。際限のないものでは決してない。

では、その夢を持ったきっかけはなんだっただろうか。どんな問題を抱えているから、

「夢の人生」が自分を底辺から救い出してくれると思ったのか。
表面的な説明や言い訳には満足せず、深く掘り下げよう。

自らの魂を見通してはじめて、知覚は明敏になる。

——カール・グスタフ・ユング

自分が決めた思い込み、自分で自分に定めた限界が見つかるのは、心の奥底だ。そこであなたは、収入から人間関係、健康、趣味まで、あらゆることに限界を定めている。

**思い込みは人生のあらゆる部分に行き渡り、本人の取る選択と取らない選択の両方に影響する。**じっくり時間をかけて考え、自分の一番深い恐怖と不安に触れることが肝心だ。抵抗せず、苦闘の深みへ滑り落ちていこう。苦しみにふけったり、苦しみを飾り立てたりすることなく、じっと見つめよう。

目を向けていれば、答えはだんだん見えてくる。

思い込みにおぼれるのではなく観察してほしい。被害者ではなく目撃者になってほしい。自己破壊から離れて考えよう。自分自身という小さな神秘の全貌を明かそう。

あなたは人生についてとんでもない思い込みを決めた。

今、それが目の前にある。解決する必要はないが、言葉にして表す必要はある。思考の裏側というごちゃごちゃした場所から意識の上層へ引っ張り出し、口にする必要がある。声に出す必要がある。

人生とは……。さあ、書き出そう。


**自分の人生に対する思い込みは、「人生とは◯◯だ」である。**

人は人生でまとう鎖を自ら鋳出《いだ》す。

――チャールズ・ディケンズ（イギリスの小説家）

ここでひと呼吸置こう。

少し間をあけ、明らかになったものについてよく考えよう。

人生に対する思い込みだけじゃなく、見つけたものすべてに考えを巡らせよう。

大切なのは、それらの意味するところと、思い込みを使って自分がこれまでどんな人生を送ってきたかを熟慮することだ。

# PART 11

# 人生のすべてを受け入れる

『人間が本当の意味で何かを受け入れるには、対象に怒ったり、反応したりせず、ありのままに認めなくてはならない。』

## あなたにとって、「生きる」とは何か？

ここまでの3つのパートで、私たちは無意識に刻まれた消せない印である「3つの思い込み」を明らかにした。それがあなたの自己破壊の大元になる。

自分自身と他者、人生そのものに対して下した絶対的な思い込みだ。

ここまでで、あなたが自分の思い込みに光を当て、じっくり考えることで、その思い込みの正体か、少なくともそのせいで自己破壊のサイクルにはまり込んでいる現状を把握できていればうれしい。言い換えるなら、自分がどれだけひどい状態かが腑に落ちていてほしいということだ。

**今こそ、自分を苦しめる「なぜ」の煙を取り除かなくてはならない。**確実性は人間らしさの大きな要素であり、人は確かなものをつかむために、自分の思い込みの証拠を集める。思い込みは、自分にとって世界の理となる岩のような「真実」だ。

とはいえ、そのせいであなたは今、正確にはどこに取り残されているのだろう。この宇宙の中でのあなたの座標はどこなのだろうか。

別の言い方をするなら、3つの思い込みがひとつになったとき、あなたにとって「生きる」とはどんな体験を指すのか。

それこそが、自分のあり方を理解するためのパズルの最後のピースだ。それがわかれば、自分を破壊する行為に完全に終止符を打てる。

最初に、最後のピースじゃないものをはっきりさせよう。

3つの思い込みがもたらすのは目先、つまり視点じゃない。それじゃあまりにも単純すぎる。「視点」は重力や体験、全方位的な制約に影響するパワーは持たず、行動や人生の行く末にも影響しない。

そうではなくて、大切なのは生きることの意味をどう感じているかだ。それこそが、私たちの目指すべき核心となる。

**あなたにとって、「生きる」とは何か。**

その感覚、つまりは自分自身を生きる過程を通じて、3つの思い込みは一体となり、あなたであることという、ごく個人的な体験が形作られる。そしてその体験は、あなたという存在のあらゆる部分に行き渡っている。

これは人生をどう見るかといった単純な話じゃなく、**どこから人生に取り組むかという出発点の話だ。**ものの聞き方や、見方、触れ方、刺激の受け方は、すべてその出発点の悪影響を受けている。その位置から、あなたは出会った人やものと触れ合っている。

私はそれを、**視点ではなく「体験点」と呼んでいる。そこはあなたが人生のすべてを経験する場所であり、あなた固有の人生のスタート地点だ。**

これからどんな人生を送るにせよ、あなたは常にこの同じ、3つの根源的な思い込みが巣くう、おなじみの場所からスタートする。

> ビジョンとは、見えざるものを目にする技術である。
>
> ——ジョナサン・スウィフト（アイルランドの作家）

## あなたは変わる必要がある

「体験点」は、グーグルマップで自分の居場所を示す小さなマーカーのようなものだ。

人は毎朝、目を覚まして世界へ飛び込んでいく。

目を開けるのはおなじみの場所だ。それは「ベッドの中で」とかじゃなく、実際には「頭の中で」に近い。そこは毎朝あなたを迎えるこの世界じゃなく、あなた固有の世界だ。あなた独自の体験点がもたらすニュアンスやバイアスで満ちた場所。

**あなたという人間は、自分の気分や感情、振る舞い、状況をもたらす3つの思い込みの完全なる産物だ。**

ミーティングやメール、会話をすることに向き合うのがつらい日や週は誰にでもある。そんなとき、あなたは人生という海と、そこにあるくそみたいな出来事の数々にどっぷり浸かっている。

あなたの人生は、いつも同じ流れにずっと乗っている。どんな夢や希望も、自分に課した同じ出発点から始まるが、そこはそもそも出発点じゃない。

あなたは本当のところ、いつもずっとうしろの谷底からスタートしていて、新たな目標や目的に向けてなんとか這い上がろうとしている。

自己破壊とはいったい何か。心して聞いてほしい。

あなたにも、心が浮き立つ瞬間はある。恋に落ちたり、昇進や就職が決まったり、何か新しいチャンスが訪れて心がパッと明るくなることもある。人生の新たな展望が開け、この先の人生を思って気分がよくなる。

端的に言えば、望みの人生が始まりかけている気がする。すべてのピースが揃ったわけじゃないが、順調に進んでいる。

ジム通いを始めてから3週間がたち、違いを感じ始めているかもしれない。あるいは、自分をダメにする浪費癖を直した人もいて、口座には新たに2000ドルが貯まっている。スタートダッシュは完璧で、すべては計画どおりで、順調な滑り出しだ。

足取りは軽やかで、体はぞくぞくし、瞳は輝く。すると……おっと、様子がおかしいぞ。あなたは1日ジムを休む。貯めたお金を使ってしまう。新しい人間関係や仕事に疑問が浮かぶ。そして、すべてを台なしにし始める。段階的に崩していくこともあれば、築いたものを一気に吹っ飛ばすこともある。そうやって、来た道を逆戻りし始める。

ボカーン！　ここで以前のパターンとおなじみの振る舞いや感情が支配力を発揮し始める。それはあなたが、新しい未踏の領域に入ったからだ。

考えてもみてほしい。

本気でまったく新しい生活を始め、新しい結果がじゃんじゃん生まれたら、今までと同じやり方で新生活を過ごせるだろうか。

そんなわけはない！

もちろん不可能だ。そして、問題はそこにある。

**変われないのは、安全や確実性のある世界に縛られているからだ。**心の奥底に居座る思い込みのなじみ深さは、非常に不快で強制的なのにもかかわらず、自分にだけ納得のいくこの世の神秘と結びついている。

そして、本人はそれに邪魔され、支配され、自分だけの小さな現実という安全圏の中で迷子になる。

どんなものを望むにせよ、新しい生活を送るには変わる必要がある。今までと同じではいられないのに、同時にあなたは3つの思い込みに引きずられ、ねじ曲げられ、おなじみの体験点へ引き戻される。

だから、ただ新しい生活を始めてもうまくいかない。**本気で人生を変えるには、本気で自分が変わる必要がある。**

新しい生活には、もっと我慢強く、愛情にあふれ、頼りがいがあり、大胆で、力強く、忠誠心があり、集中力を持って物事に専念するあなたが必要になる。新しい領域で生きていくには、別の自分にならないといけない。

ところが、今のあなたはそれができていない。

その「新しい」あなたは、非常に不安定で、危なっかしく、圧倒され、混乱し、心が乱れ、新生活に正面から取り組むことはできないはずだ。

すると、どうなるか。そう、あなたはスタート地点へ戻る。無意識にすべてを吹っ飛ばす。築き上げたもの、目指すものを台なしにし、人生は「平常」へ戻ってあなたも昔なじみのあなたへ戻り、苦しみからひとまず解放される。

家やオフィス、机、ガレージをきれいにして、輝くばかりの自分の掃除技術にあらためてうっとりしたのもつかの間、しばらくするとまた、脱いだ靴下の山や不動産のチラシ等々が山盛りになり、どうすべきかはわかっているけどなかなか行動に移せないということが、これまで何度くらいあっただろうか。

確かにあなたは掃除をした。だけどその行動を続けていくことができないから、部屋をきれいに整えた自分を維持できず、デフォルトの自分に戻ってしまう。

これが「自己破壊」だ。

## 何かを追求することにある問題

魔法のスポンジには今や3つの思い込みが染み、もう魔法の力は残っていない。ごわごわに固くなり、もう何も染み込まない。そうやってあなたは行き詰まり、同じパターンの人生にとどまっている。

そろそろ絵の全体像が見えてきただろうか。**あなたは毎朝起きるたび、3つの思い込みが生むおなじみの体験点から人生を始める。**思い込みはそこに勢揃いして、あなたの生きるという体験を作り出している。

**体験点は落ち着いてくつろげる場所じゃないが、成長と改善、ひいては克服と勝利に乗り出したくなる場所でもある。**だから、人は「いつかきっと」的な人生を送り、いつかはすべてがうまくいって、目的の場所にたどり着き、すべてが最高の結末を迎えると考える。

自分が求めるものは、すべてあとからやってくると感じていることに気づいただろうか。求めるものは、今は手元にはない。望みのものを手に入れたように思っても、すぐに別のものや目標がほしくなり、今度はそちらを追いかけるようになる。もしくはご破算にする。いずれにせよ、また明日から同じ悲惨な人生の始まりだ。

あなた自身は、お金や新しい仕事、名声、愛のある生活といった目標を追い求めていると思うかもしれない。ところが、それは目くらましだ。

サルトルなら、人生とは「存在の追求」だと言っただろう。**人は別の存在に「なる」ことを追い求める。**今抱えているジレンマを解消し、自分の体験点の重みを和らげてくれる自分になりたがる。目標とは、別のもっと優れた自分に変えてくれると本人が考えるものだ。

そこに、何かを追求する人生の問題がある。何かを追い求める人は、飽くなき飢えを抱えた獣になる。獲物を何度も何度も求める。追いかける行為のとりこになる。別の自分に「なる」ことへの飢えは決して満たされない。

なぜか。それは、自分という存在を所持品のように「持つ」ことはできないからだ。自分は持てない。幸せや充実感や自信はビンに詰められない。どれもはかない体験で、人がどれだけつかもうとしても、浮かんでは沈み、現れては消える。そうやって私たちは、本質的に液体であるものを固体に変えようとする。

**あなたは自分という存在の表現だ。そして本当の自己表現とは、どういう存在「である」**

**かの自由な表明だ。**それなのに、あなたを含めた多くの人は、幸せや愛、情熱を表現するのではなく、手に入るものとして追い求めている。

あなたは人間という存在だ。それなのに、何か制限のある足りない存在のように生きているから、いつか理想の自分に「なろう」として「行動」する。

ところが、そうやって追いかけ、求める理想像にあなたは実はもうなっている。理想の自分になれなくて、頭が完全におかしくなってしまった人もいるだろう。

しかしそもそもなぜ、あなたは自信や情熱を手に入れるのに人生を費やしているのだろうか。そうしたものはあなたの中の奥深くで、すでに大海原のような荘厳さとパワーと、無限の山脈のような威容と力強い広がりを示しているのに。

## 厳しい事実を真正面から見据える

これまでのパートを読んで、こう思った人もいるだろう。

「なんてこった、やっと問題がわかった。自分は何かを追い求める人生を続けていたんだ。いいことを教わった」

そうやってほとんどの人は、きつい部分を飛ばして楽しい作業にすぐ取りかかろうとする。もちろん私も、他人が苦しんでいるのを見て楽しむ気はないが、それでも私は、ある程度の苦しみを経験しないで大きく生まれ変われた人には、いまだかつて出会ったことがない。

私はあなたにもっといい自分になってもらいたいが、それには厳しい事実を真正面から見据えてもらう必要がある。繰り返すが、破綻した人間関係や失敗、後悔、憎しみ、そしてときには絶望など、これまでの人生で経験してきたことを見つめる必要があるのだ。

人生は、1、2時間のあいだに苦しみとハッピーエンドが両方やって来る映画じゃない。退屈な場面で眠るわけにはいかないし、むごたらしい場面でも目はそむけられない。

---

焦りは不可能を要求し、目標へ至ることを望みながら、その手段は提示しない。
人間は、長旅のつらさを引き受けなければならない。
なぜなら、すべての瞬間が必要不可欠だからだ。

——ゲオルク・ヴィルヘルム・フリードリヒ・ヘーゲル（ドイツの哲学者）

---

ヘーゲルの言葉を少し言い換えるなら、この本の旅路自体がその過程の一部だ。**あなたは自分という人間の本質に触れ、結論の掌中にいったん囚われ、生きるという行為を自分の最も基本的な体験点に関連づけて考える必要がある。**

それこそが、この本で私たちがやろうとしていることだ。私たちは今、心の深い部分にある自分の人間性と、自分という人間の由来を知ろうとしている。

人は何か成果を挙げることで思い込みをなだめようとする。前進し、そこから逃れようとする。

しかし、それでは瞬間的な安心感を得るのが精いっぱいだ。思い込みは依然として健在で、あなたは同じ体験点に縛られている。

では、戒めを解くにはどうすればいいのだろうか。それにはまず、**成功と苦闘の連鎖を断ち切り、今の自分の居場所をただ受け入れる**ことだ。今この瞬間、ただ「そこにいる」ことだ。体験点を乗り越えようとしても、不毛な結果にしかならない。ランニングマシンでやみくもに走っても思い込みからは逃げられない。

思考やがんばりや瞑想で、このやっかいな相手を振り切るのは不可能だ。

多くの人が、思い込みを乗り越えるのに人生の半分を費やしているが、結局は必ず同じ場所へ引き戻される。人生も半ばの40代になってそのことに気づくと、たいてい脳天をかち割られるような衝撃を受ける。

そう、**あなたの体験点はずっとそこにある。**そしてそれに気づいたとき、人はたいてい2つの道のどちらかを採る。その息が詰まるような事実に静かに屈服するか、反抗して人生を根本から変えようとするか。どちらも悲惨な選択だ。

> 年老いてゆく人間は、自分の人生が積み重ねや展開ではなく、収縮を強いる容赦ない内的過程であることを知る。
> 若者にとって、自分自身に過剰に支配されるのはほとんど罪であり、間違いなく危険でもあるが、年老いた人間にとって、自分自身に真剣に注意を向ける作業は義務であり、必須でもある。
>
> ――カール・グスタフ・ユング

この本のどこかで、あなたは自分のこれまでの人生を見つめ直さなくてはならない。時計を見てほしい。今は何時で、今日は何日だろうか。

あなたのこれまでの人生は、生存と追求、追求と生存がすべてだった。そこから1歩下がろう。そして、**観察者として自分の人生を見つめよう。**ここで自分自身に正直になろう。今は自分の楽天主義や諦観、人生のドラマにふけるときじゃない。一部だけでなく全体について、自分の人生の道行きがどうだったかをよく考えよう。

それをするには、自分自身と今見ているものとのあいだに少し空間を作る必要がある。冷たい日の下で自分の人生を見つめるには、一歩下がるすき間が必要だ。一方にはあなたと今という瞬間がいて、もう一方にはここまで繰り広げられてきた人生がある。あなたの目にはそれが映っているだろうか。

**人生にどっぷり浸かった状態じゃなく、少し離れた場所から人生を見つめることを、本気で経験する必要がある。**

それができるまでは先へ進んではいけない。

## 思い込みは自分の一部でしかない

変化は受け入れることから始まる。肝心なのは、**現状のままの対象を受け入れることだ。**

ユングの精神論では、いいところも悪いところも、明るい面も暗い面も含めて、自分のすべてを受け入れるべきだという考えがひとつの要になっている。

では、真の受容とはどんなものか。簡単なエクササイズをしよう。

今ここで、自分が人生でほとんど、あるいはまったく考えてこなかったもの、あまりにも当たり前かつ無害で、思考の背景に消えているものを思い浮かべてほしい。

車の色でも、頭上の電球でも、足の大きさでもなんでもいい。何か、あらためて考えると人生の道行きになんの影響もなさそうなものを考えてみよう。

あなたはその対象に対して、喜びやいら立ち、悲しみ、情熱といった感情は何も抱いていない。その対象をまったく体験していないと言っていい。

それが、自分に対するインパクトをまったく持たない理由はわかるだろうか。

なぜなら、対象をありのまま、心から受け入れているからだ。成長や変化を求めることもなければ、「乗り切る」、あるいは「乗り越える」こともない。人生から切り離す必要もないし、話題にすることはおろか、考えることもない。

その状態のまま、ただそこにある。妨げられずに受け入れられている。

ありのまま受け入れているから、あなたとの関係も生まれていない。それ自体として存在し、人生の一部ではあるが、影響はしていない。なんの感情のタグもぶら下がっていない。

このように、**人間が本当の意味で何かを受け入れるには、対象に怒ったり、反応したりせず、ありのままでいることを認めなくてはならない。**なんの影響も受けなければいいのだ。好影響も悪影響も含めた、なんの影響も。

無意識にひそむ自分の暗い部分を無視することはできない。抑え込むのも無理だ。そんなことをしても思い込みはいなくならない。

それどころか、どこかへやったり、変えようとしたりするとたいてい悪化し、かたくなになる。心の地下室は、疑念や恐怖が膨れ上がるには絶好の場所で、あなたが日の光をときどき与えている限り、暗い部分は成長を続ける。

**状況を変えるには、受け入れるしかない。暗がりにいるままでだ。**ただ受け入れる以外、言えることも、できることも何もない。

残念ながら、人間は総じて自分が想像する、もしくは願う姿よりも劣っているとみて間違いない。

人は誰しも影を持ち、そしてその影は、意識的な生活で体現される度合いが低いほど暗く濃くなる。

——カール・グスタフ・ユング

だからこそ、人は思い込みから逃げようとしたり、否定や回避、終わりなき努力を通じた克服を目指したりしてはいけないのだ。思い込みに深く切り込もう。調査し、探索しよう。自分の地図上の体験点を見つけよう。

今まで何日も、何カ月も、何年も自己破壊を続けてきた自分を、成長を志し、ときに勝利を収め、それでもまた心が折れるような暗い深みに落ちてきた苦闘の日々を認めよう。そう、すべてを受け入れるのだ。**思い込みは自分の一部でしかなく、すべてじゃないと理解しよう。**

心を落ち着けよう。思い込みは、放っておけばただそこにあるだけだ。あなたがなんとかしようといろいろしてきたから、人生に悪影響を与えている。

**今、そこにある状態のままにしておこう。ありのままの姿でだ。**

受容は一種の練習だ。意識的なエクササイズであり、毎日、毎時間、場合によっては毎分思い出す必要のあるリマインダーだ。

それができてはじめて、人は自動的な反応から自分を解放し、自己破壊と自己疑念から解き放たれた人生を築くための空間を手に入れられる。

あなたはこれまで、人生のほとんどを自動操縦モードで過ごしてきた。そのことに気づき、モードをオフにする気分はどんなものだろうか。目を覚まし、自分の人生を100パーセント生きられるのはどんな気持ちだろうか。

自分の知能や能力にもう疑問を持たなくてもよくなり、他者はもう信頼の置けない威圧的な脅威ではなくなり、人生が苦闘や絶望でなくなったら、すべてはどう変わるだろうか。どんな人生を送れるだろうか。

**あなたはどんな人間になれるだろうか。**

# PART 12

# 本当の人生を取り戻す

心からすばらしい人生にするため、本当にやるべきことはなんだろうか。

## 一番ネガティブな自分を乗り越えよう

さあ、やっと底へたどり着いた。

私たちは小さな魔法のスポンジから始め、長い道をたどりながら、投げ込まれた人生の状況と、自分が築き上げた真実、3つの思い込みを明らかにした。地図上の現在地もはっきりした。それがあなたの人生だ。毎日をスタートさせ、最終的に戻ってくる運命にある場所だ。

それは、何度も繰り返すサイクル的な体験だ。**生きがいや意欲を食いものにしながら、人生を安全で、予測可能で、生存可能なものにしようとする無意識のメカニズムだ。**

そのせいで、あなたの人生は今の状態に陥っている。そして、今までに話したことがあなたを今の場所へ導いたのだとしたら、これからもそのコースをたどり続けるのは当然だ。ときおり状況がよくなったり、1つか2つの物事が変わったりすることはあっても、人生の限界や境界、方向性の性質は変わらない。

そうしたメカニズムはどこで手に入れたものか。そう、すべて過去から来たものだ。メカニズムの正しさを実感させられた過去のある瞬間、投げ込まれた人生を生き延びなくてはならなかった瞬間に形作られたものだ。

「毎日が新しい1日」は事実じゃない。人は子どものころに課された重荷を背負って常にスタートし、その思い込みに沿って行動し続け、1日が終わればそれを持ち越す。

**過去は人のポテンシャルを支配する。**あなたが生きるのは「どんなことでも可能」な人生ではなく、「過去を踏まえれば、何かが起こる」人生だ。


あなたは自分で作った牢獄を絶対に破れない、がんじがらめの夢追い人だ。

毎日は常に過去から始まる。あらゆるアイデアと希望、計画はすべて過去からスタートする。それでは、どこへもたどり着けないのも無理はない。スタート地点が本来よりうしろへ押し下げられて、そこに錨を降ろして逃げられないのだから。


私が前に、あなたは眠っていると言ったのを覚えているだろうか。今話しているのはまさにこのことで、**あなたは人生の歯車でまどろみながら、過去のサイクルを守っている。**

そして、今はそんな自分をある程度は自覚している。

行動のすべてが、思い込みの正当性を無意識に証明し、体験点に立ち戻り、また一からスタートするためだけのものになっている。めちゃくちゃな食生活も、途切れがちな運動の習慣も、険悪な人間関係も、ばらばらになった夢も、誰もやりたがらない仕事も、小さくなって死んでいく目標も。すべては自分の仕業だ。

**乗り越える必要があるのは、人生や差し迫った不安じゃなく、自分自身だ。それも最高の自分じゃない。最低の、一番ネガティブで一番斜に構えた自分なのだ。**

## 問題ではなく望みの人生に意識を向ける

目標を設定しろとか、ヨガをやれとか、くそったれの目的を見つけろとかいったタイプの自己啓発は、どれも自分をなんとかしようとしている。

あなたもダイエットを始めたり、新しいジムに通ったり、瞑想をしたりして変えようとする。新しい車から完璧な恋人、天才的なビジネスのアイデアまで、夢や希望、望みはどれも問題を乗り越えるための作戦にすぎない。すべてはあなたという問題を解決するためなのだ。

しかし、ゲームでうまく立ち回ろうというような小手先の技術では、絶対に自分に勝つことはできないし、完全にどつぼにはまる。それでもあなたはゲームを続け、完全に固定化し、変えられないものを変えようとして、だまされ、やがて死んでいく。それが定めだ。

そういうくだらないことはもうやめにしよう。目を覚ましてほしい。あなたは罠に囚われている。

そういうものが思考の裏側に居座っているから、あなたはこの本を手に取った。答えがついに手に入るんじゃないかと思って。**だけど、答えなんてどこにもない。**

じゃあ、破滅へつながる問題にはどう対処すればいいのか。やっつけるか、戦うか、なだめすかすか、コントロールするか。

そうじゃない。**私たちは何もしない。対処はしない。**

もう少し説明しよう。あなたは蚊に刺されたことはあるだろうか。あるならそのときのかゆさという立ちを想像してほしい。

きっと死ぬほどかきまくったり、つねったり、ピンを刺したりして、心の平穏を乱すかゆみをなんとかどこかへやろうとするはずだ。

あなたも私も、かゆみを和らげるには触ったり、考えたりしないことだというのはわかっている。気にすればするほどかゆく、腹立たしくなるのもわかっている。
簡単に言えば、抵抗し、心を奪われるほど状況は悪化する。

別の例を出そう。これは子どもがいるなら、あなた自身がおそらくやっていることだし、いないならあなたの親がやっていたはずだ。

「リダイレクション」と呼ばれる手法で、たとえば一家の小さな天使が飛行機の中で火山みたいにかんしゃくを爆発させたとき、父親と母親はその力を使って怒りを逸らそうとする。おもちゃをちらつかせ、マンガやお菓子を取り出し、あるいは恐竜や魔法使い、キリンといったすぐに思いつく限りの不思議なものを取り上げて、「わあすごい」というふりをする。

すると突然、地獄の門は閉じ、みんな大好きな「ほら」とか「わあ」とかいうぎこちない声に包まれながら、天使は楽しいものに心を奪われ、激しい怒りが消える。そして、機内の全員が内心ホッとする。誰だって、見知らぬ人が大勢いる中でかんしゃくを爆発させたくはない。

では、この奇跡みたいな瞬間の仕組みはどんなものか。

まず、怒りがある。怒りは妨げられてもいなければ、消えもせず、把握すらされていない。次にまったく新しい、はるかにおもしろいものが登場する。その瞬間に子どもの脳は、何かに本気で集中しているときのあなたの脳と同じように、その新しいものでいっぱいになり、ほかのものは視界から消えたように感じる。非常におもしろく、刺激があり、元気の出るものに関心がシフトし、内面にあった怒りや、何かに向けていた意識が切り替わる。真の転換ができると、心と行動、関心が自分を自然と照らすものに集まるようになる。

このように、**人生は注意力と時間、エネルギーを注いでいるほうへ向かう。**

あなたは問題を解決する努力がいずれ解決につながると思っているかもしれないが、それは間違いだ。問題の解決にかまけていると、人生は問題だらけになる。

何かに対する抵抗は、抵抗するせいで逆に決してなくならないという話をしたのを覚えているだろうか。

あなたはこれまで、過去に従って人生を過ごしてきたが、これからは新しいものや自分のポテンシャル、財産を中心とした方向へ人生を転換しなくてはならない。

**自分にとっての望みの人生を象徴する新しい心構えや振る舞い、習慣、行動などを中心**

**としたものに変えなくてはならない。**

## 過去は変えられないが、新しい生き方は築ける

イギリスの哲学者アラン・ワッツは、人間の過去の捉え方について飛び抜けた視点を持っていた。

ワッツは「私たちは一般常識として、時間とは過去から現在をへて未来へ向かう一方通行の動きだと考えている。そこから、次のような意識も生まれる。人生もまた、過去から未来に向かうものであり、**現在と未来の出来事は、過去の出来事の結果**だというものだ。言い換えるなら、人は一定の流れに流されて生きているように感じるのだ」と言う。

1回読んで終わりにせず、少し戻ってもう一度読み直してほしい。納得がいくまで何度でも読み返してほしい。時間をかけ、ワッツの言葉の深遠さを脳に刻み込んでほしい。

この本の文脈で彼の言葉を考えよう。人生の毎分、毎時間、毎日行うすべての行為は、すでに起こった出来事の結果で、過去との因果がある。

つまり私たちは、「人間とは過去の産物であり、できるのは過去の自分がいい人間であ

ることを願うくらいだ」という考え方に慣れ親しみ、さらにはふけっている。

同時に、それには過去の自分を生かし続ける必要がある。過去の自分がいなくなれば、成長や変化の余地はなくなり、いつかすべてが好転することもなくなる。自我は自らを糧に生き延びる。自食を繰り返す。


**存在の因果は過去から生じ、現在から未来へと直線的につながっていく。**


今、あなたにはそれが当然の真実として感じられるはずだ。

だからこそ、ここまでそういった人生を送ってきた。過去は5秒前のことも、5年前のこともあるが、どれくらい前かにかかわらず、あなたは知ってか知らずか、過去を使って自分の現状を説いている。過去を使って正当化し、過去を使って言い訳や説明をしている。未来の計画を立てる際も、何をすべきか、しないべきかのテンプレートに過去を使っている。

人間関係はたいてい、過去の過ちを繰り返さないことを前提に築かれる。それゆえ、過去の体験の限界が、次の体験を定める基準や理想になる。

私たちは、自分の子ども時代よりもいい環境で子どもを育ててやりたいと思う。だから失敗も過去を理由に、過去によって形作られる。ときにはひどい過去が基準になる。人間の行動や思考はすべてこの思い込み、つまり人間は過去の産物だという常識が土台になっている。

**人間にとっての因果応報の旅は、一方向にしか進まない。それは過去に始まって、現在まで運ばれてきた思考や感情、体験、行動のまっすぐな道のりだ。**

ある人が兄弟としゃべらなくなるのは、向こうが6年前に口にした言葉に原因がある。友人からの電話に出なくなるのは、先週の行動に原因がある。人の集まる場所へ出かけるのをイヤがるのは、12歳のときに起こった事件に原因がある。

過去が原因で立ち向かえないことは、人生には無数にある。

ちょっと前の出来事が、今起こっていることの原因になる。去年の出来事が今年の原因になる。子どものころの出来事が、大人になってからの人生を決める。少なくとも、人はそういう見方をするように訓練されている。くそったれな異常事態だが、あなたはその考えにだまされ、洗脳されている。

ワッツはさらに、「人という存在が（人生に）流されているという考え方は、因果関係や、過去の力に突き動かされる人生という考え方ともつながる。しかもこれは常識に深く浸透していて、取り除くのは非常に難しい」と言う。

では、ほかに手はないのか。自己破壊の人生から抜け出すにはどうすればいいのか。

もちろん、**時間を遡って過去を変えることはできない**。過去の出来事は依然として過去の出来事のままだ。スポンジは固くなり、染み、もう変わらない。思い込みのままだ。過去は過去のまま、終わったことであって、変えられない。なら、そのままにしておこう。触れたり、深入りしたりしないようにしよう。

過去を認識し、受け入れ、何かもっと充実した、可能性に満ちたもので置き換えることはできるのだ。

凶暴なクマを刺激する必要はない。もっと優れたモデルを築こう。完全に新しいデザインを考えよう。

新しいデザイン、つまりは自己破壊への抗いがたい欲求を消し去る新しい生き方を築ければ、過去を参考や指針にする見方にも歯止めをかけられる。間違いなく。

「歴史から学ばない人間は、同じ過ちを繰り返す運命にある」という、史上最も乱用されてきた言葉を口に出すまでもなく、私たちはここまでのパートで、人生は同じことを何度も繰り返す一方通行の道のりだと証明してきた。種としての人間は恐ろしく覚えが悪い。もちろん、失敗や悲劇から学べることは数多くある。ぎりぎりの場面では失敗する可能性やリスクを考慮すべきだが、同時に過去を人生のすべての基準にする必要もない。

では、**今という瞬間、私たちは何を指針にすればいいのか。**

**もちろん、未来だ！**

## 人生に対するまったく新しいアプローチとは？

20世紀の発明家にして先見者のバックミンスター・フラーは、「すでに存在する現実と戦っても、状況は変えられない。何かを変えたいなら、新しいモデルを築いて今あるモデルを時代遅れにすることだ」と言っている。

非常に力強い言葉だと思わないだろうか。

**私たちがやるべきは、まさにこの新しい何かを築くことだ。**

**人生に対するまったく新しいアプローチを考えるのである。**

そうやって、私たちは過去を時代遅れにする。

壊れたシステムを修理するのではなく、あなたはまったく新しいものを作らなくてはならない。本当の意味で、人生を新しい方向へ転換するもの。大胆で精力的な生き方。今こそ、自分の生き方に立ち向かい、今の人生の過ごし方を完全に壊すべきときだ。古い生き方にエネルギーを注ぐ必要はもうない。そんなものに関心を向け、人生を与えてやる必要はもうない。

方向転換を図り、きちんと機能する人生のアプローチを使おう。目標の頓挫を企むより、目標に近づけるきちんとした生き方を手に入れよう。

あなたの望みと現在地とのあいだには、自然の力に似たエネルギーがある。これまでのあなたは、その力を味方にできていなかった。いや、むしろ敵にしていたから、そのエネルギーに押されて元いた場所へ戻されていた。

人生を変える試みが非常に消耗する過程なのはそれが理由だ。

**過去は未来を縛る。それは、人生のすべてが過去を乗り越える、もしくは繰り返すこと**

**を軸に形成されていたからだ。**

そんなことでは、望みの人生を生きるのをあきらめ、被害者面をすることのほのかな魅力に屈するのも無理はない。

## 未来から逆算して行動を考えよう

「未来は『スタートレック』の世界じゃない」

この言葉の意味がわからなくて、あなたが目を白黒させる前に、どういうことか説明しよう。

『スタートレック』というSFテレビシリーズには、放映当時まだなかった先進技術が50個も予言されている。タブレット端末に、GPS、自動ドア、携帯電話など、非常に印象的な技術ばかりだ。

しかし私が言いたいのは、『スタートレック』の脚本家はノストラダムスじゃないということだ。

つまり、**『スタートレック』は何も予言なんてしていない。生み出したのだ。未来を予見したわけじゃなく、型破りなテクノロジーの存在する未来を視覚化したのだ。**

それでどうなったか。そうした刺激的な夢のアイデアを目にした人たちの中に、本当に作れるのかを確かめたいと思った人がいた。そして、作中に出てくるようなガジェットをどんどん作り始めた。

今ある先進技術の多くは、そうした非常に大胆で勇敢な人たちが想像力を駆使し、現在地と望んだ未来とのあいだのありとあらゆるハードルを乗り越えて作ったものだ。

彼らは未来に関する現実を作り出した。

**夢は簡単に現実になる。であるなら、人生をフルに生きるのにもこのアプローチが使えないはずがない。**

これは新しい考え方じゃない。大手企業はいつも次世代の商品をデザインしている。未来を見据え、大胆な前代未聞の計画を立てて投資や拡大、再発明を行っている。想像もつかないプロジェクトや大胆すぎるアイデアを完成させる日取りまで定めている。

それから、あなたや私がやらないことに取り組んでいる。

大企業は未来から逆算する。未来を指針にすべてを進める。エンディングからスタートするのだ。

これから登場するものを情報源にして自分を形作っていく。それは、まだ起こっていないことに影響される日々だ。アラン・ワッツの言葉の正反対で、大企業は過去に引きずられるのではなく、未来に牽引されている。

彼らはまず、未来が現在に与えるインパクトのビジョンを描くところから始める。**未来を道しるべに、未来と因果を結んでいる。**

これこそ、人生のまったく新しいデザインだ。**終わりから始まる人生だ。**


何か例を出そう。無作為で、無難なものがいい。

たとえば収入だ。あなたは今の自分の経済状況に満足しているだろうか。もっとやれるという感触があるだろうか。あるなら、おそらくあなたはその部分で自己破壊を行っている。

それでは、自分の収入に関する未来の逆算をやってみよう。今という瞬間の先に目を向けよう。想像の翼を少しはためかせて、1年、あるいは2年先を考えてみよう。

そのときの自分の懐事情はどうだと思うだろうか。収入が倍になっているだろうか。はたまた1万ドルを貯金できているだろうか。

**これは単なる目標設定とか、目標の視覚化や宣言とは違う。未来を生み出し、障害や制約、いつものくそったれな自己破壊癖を取り除くプロセスだ。**あなたは未来に牽引されている。

そうやって取り組みながら、あなたは未来じゃないものを少しずつ取り除いていく。そしてその過程に惚れ込む。なぜなら生まれてはじめて、あなたは人生の設計者にして芸術家になっているからだ。

あなたはクリエイターになるのだ。言い換えるなら、未来を起点に考える人間になるということだ。

これが望みの人生をデザインするということだ。

そして、こういう人生こそが人を刺激し、元気づける。自己破壊からの完全なる方向転換だ。

## 未来を発見し、人生を明らかにしていこう

盛期ルネサンスの彫刻家にして画家、建築家、また詩人でもあったミケランジェロは、西洋美術に比類ない影響を与えた人物で、史上有数の偉大な芸術家と称されている。

ミケランジェロの最高傑作のひとつとされる高さ5・2メートル、重さ6トンのダビデ像は、カッラーラ地方の大理石の塊を削って作られた。ミケランジェロは、普通の人が考えるのとは別のやり方で像を作り、石からダビデ像ではない部分を削っていったそうだ。

ミケランジェロの頭の中では、ダビデ像はすでに完成していて、少しずつ姿を現すのを待っているだけだったらしい。彼は2年の歳月を費やし、情熱のすべてを注ぎ込んで、未来を明らかにしていった。

ミケランジェロは未来から現実へと石を掘ることで、未来を実現した。それから人生をまた別の未来でどんどん満たしていった。

ミケランジェロにとっては、毎日が彫刻家としての人生で、いつか彫刻家になろうとはしなかった。人生は彫刻家ならではの問題で満たされ、それにすべてを捧げた。

こう考えてほしい。あなたはこれまで、人生という名の巨大な岩を切り出してきたが、現在を刺激する未来はそこになかった。ただ無作為に巨大な岩に向かって腕を振り上げ、何か価値のあるものができてほしいと願いながら生きるだけ。いつかきっと、と。

**この本は、あなたが考えているような当たり前の方法で目標達成や成功を目指そうとはしない。**そうした生き方を続け、せっかくの生きている時間を犠牲にしながら、「いつか」訪れるかもしれない充実感や成果というはかない瞬間を追い求め、どこかへたどり着こうとしても、それでは本当の意味で人生を取り戻すことはできない。

だから今回は、**今の人生を、自分を活気づける目的や活動で満たしてほしい。**自分が大事にしている部分で、新しい行動を求められる人生をデザインしてほしい。

それは毎日作業を続けることで、巨大な石の塊を少しずつ切り出し、以前は手が届かないと思っていた未来を発見し、明らかにしていく人生だ。

そうやってあなたはこれから毎日、実現不可能だと思っていた未来を明らかにしていく。

**できると思うかは関係ない。できないと思っていた充実した作業に、没頭することが、日々を花開かせる。**星へ手を伸ばそうとする生き生きとした人生でもなんでも、好きなものを想像してほしい。人生の問題は取り除けないが、ミケランジェロのように未来を実現するための問題に取り組み始めることはできるし、そうすれば人生は価値あるものに変わる。

**それもいつかじゃない。そういう自分を刺激する人生は今日から始められる。**

作られるものは完成してやっと愛される。
しかし生み出されるものは、存在する前から愛される。

――チャールズ・ディケンズ

## どうしようもない過去に戻るか、自分が作り出した未来に導かれるか

私が作家になったのは、自分で自分を刺激するような人生を送りたかったからだ。そのすべてを味わいたかったからだ。

作家になろうという気はなかった。目標じゃなかったし、作家という肩書きを誇らしくまとえるまで腕を磨き、成長していきたいものでもなかった。私は作家になることからスタートし、作家としてやっていくための人生を築いていった。

人生は作家ならではの問題だらけになったが、望んだ未来を実現しようとする行動に活力と生きがいをもらった。自分は何者かという問いにも、作家だという答えを持っていたら、いつの間にか作家になっていた。

同じ考え方があなたの人生にも応用できるはずだ。

あなたは結婚生活をどうしたいだろうか。ただ続いていくものにしたいか、それとも本当の情熱的な愛が新しい形で広がっていくものにしたいか。

片方はあなたに何も要求せず、もう一方は新しい自分の表現の仕方を見つけ、限界をさらし、人生を具体的な課題で満たすよう求める。どちらの道にも障害と問題が持ち上がるが、片方はゆっくりと関係が死に向かい、片方は関係が生き生きとし始める。

金融機関の信用を勝ち取るためにお金を貯めるのか、はたまた完全なるお金の自由を得た新しい未来を明らかにするのか。片方は感覚がまひしていき、片方は創造性が刺激されて新しい行動を起こしたくなる。

いずれにせよ、**未来を基準にした人生を志せば、もっと大きな何かに手を伸ばすことを求められ、そのために何か行動を起こす必要が出てくるだろう。**

それは必ずしも心地よいものじゃないが、それは自分が望んで生み出した不快さで、そうした痛みや不安を感じるたび、石は少しずつ削れていって、あなたの思い描いた未来が明らかになっていく。

**人生のすべての瞬間で、あなたは選択を突きつけられる。どうすることもできない過去に戻るか、それとも自分で作り出した未来に導かれるか。**

この本を通じて自己破壊の仕組みを明らかにしたことで、今、選択のレバーはあなたの手の内にある。決めるのは自分だ。

新しい未来に沿った、どんな行動を今日から取り始めるのか。何を切り取っていけば、自分の仕事や夢、情熱、目的が明らかになるのか。何が自分を輝かせるのか。どんな傑作を自分は世に送り出そうとしているのか。

**心からすばらしい人生にするため、本当にやるべきことはなんだろうか。**

# PART 13

# さあ、未来に向かおう

あなたは壊れてなんかいないし、
修理するところも何もない。
あなたはもの言わぬ椅子じゃなく、
人間なんだから、そこから
抜け出して自分の未来を描こう。
未来を最高のものにし、
人生を価値あるものにしよう。

## あなたは今、未来志向の人生を手にしている

未来志向のアプローチのすばらしいところは、**未来はまさしく無限**だという点だ。つまり、まだ何も定まっていないから、なんでも望みのことができる。広大で、何もかもが含まれている。眠っていたような過去を離れ、過去を基準に先を決める人生から抜け出せば、本当の意味での無限のポテンシャルが手に入る。

**必要なのは、その仕組みを認識し続けることだ。**

未来のあなたは、今よりもやりがいのある貴重な仕事に就いているかもしれない。自分で事業を興したり、慈善団体を設立したり、借金地獄から抜け出したり、ずっと望んでいた人間関係を手に入れたりしているかもしれない。自宅やカフェ、外国など、望みの場所で仕事をする自由も見つかっているだろう。あるいは、クリエイティブなアイデアで話題を呼んでいるだろう。

未来のあなたは、マラソンを走り、小説を書き、外国語でしゃべっているかもしれない。体型は整い、活発な友情を豊かに育んでいるかもしれない。そのすべてがあなたのビジョ

ンだ。ほかのすべては脳の古くさいパターンと振る舞いでしかない。

**未来志向のアプローチは、自己破壊の行動を止めるだけでなく、未来をデザインすることで、人生を新しい行動や新しい結果、つまりは新しい生活で満たしていく。**

そして、あなたは今、その人生を手にしている。今、この瞬間にもだ。

「でも、でも、でも！　この人生をどうしたらいいかわからないんだよ！」

うるさい！　あなたはまたそうやって、過去と結びついた言い訳を繰り出している。

自分では違うと思っているかもしれないが、それは言い訳以外の何物でもない。

**あなたが何をやるかは関係ない。大事なのはとにかくやることだ。**じっとしていても未来へ至る道は見つからない。人生は壮大な実験で、泣き叫び、愛し、生きて死ぬ歴史の一点の幕開けだが、ただ座って何が人生の正解かを思案していては何も始まらない。

驚異の発見の多くは偶然に見つかった。だから挑戦しよう。生きることは探検だ。

そしてそれがうまくいかなかったら、別のことに挑戦しよう。それが人生の美しさだ。

あなたはこれから毎日、何度もこう自分に問いかけなくてはならない。

自分にとっての未来はどんなもので、その未来は今、何をするよう呼びかけてきているか？

答えがなんであろうと、大きかろうと、小さかろうと、それに取り組もう。

## 自分の人生への当事者意識を持つ

ここで少し立ち止まってほしい。

私はあなたに、未知の王国へ至る鍵を渡した。あなたの望むすべてが、削り出されるのを待っている。「それでも人生への疑念は残るだろうか」。イエス。「怖くなったり、混乱したりする場面は出てくるだろうか」。イエス。「かつてのパターンは戻ってくるだろうか」。イエス。「自分を打ちのめす心の対話は今もいるんだろうか」。いる。「拒絶される恐怖は残っているんだろうか」。うん。「人生の苦闘の重みは？」。残っている。

イエス、イエス、イエス、イエス、くそイエス。でも、だからどうだっていうんだ？

この本を通じて、**私たちは過去を破り捨てて新しいものを引っ張り出した。心の奥深くへ潜り、一番ネガティブでダメな自分と向き合った。**

冒頭で私は、この本では人生を繰り返し破壊するくそったれな自分を見つけ出し、変えていくと言った。そして今、あなたはそうした思考や感情、よく見知った習慣的な行動や感覚が、あなたの人生に特有の現象で、人生を破壊しようとするときに立ち現れるものだとよくわかっている。

自分がどんなふうにして、体系的に自分自身を破壊しているかがまだよくわかっていないなら、この本を読み返して、どんな人生に投げ込まれたかを理解し、自分が築き上げた真実と、それが生み出す3つの思い込みを把握できているかを確認し、日々のスタート地点となるおなじみの体験点を知ろう。必要なら何度でも、違う視点で読み返そう。人生を本気で変えたいという視点でだ。

マルティン・ハイデガーは、どんな人生に投げ込まれたかを理解してはじめて、人生のすべてが開けていくと信じていた。それまでは「被投性」がその人を定めるが、その仕組みを理解した瞬間に本当の自由が見つかる。ある意味で被投性を乗り越え、その先へ進んで、人とは何かを追求できるようになる。

それでも、そこではひとつ、大切な姿勢がある。それは、**人生への当事者意識を持つことだ**。

自分が主体になれば、人生に支配されることはない。そのために、私たちはこの本でいろいろなことをこなし、心の一番深いところへ潜った。それはあなたに、何が自分を自動操縦モードにさせているかを明確に知り、目を覚まし、認識してもらうためだ。

**本当にお疲れさま。あなたは今、ついに目を覚ました。**

だからここからは、認識したものに対して責任を持つ必要がある。**使い古した言い訳や、おなじみの罪悪感や屈辱感、無力感にふけってはいけない。**

もちろん、予測可能なことをしたいという欲求が高まり、強烈な引力を発揮しようとする瞬間は必ずやってくる。

## 自分が生み出した未来の関係に向かおう

たとえば、あなたがついに結婚生活を破壊させるサイクルを終わらせ、2人の関係に眠っている愛と冒険の絆を明らかにしていこうと決意したとする。

ところが、そこでパートナーのほうが、「関係を終わらせよう」と言ってきたらどうなるだろう。その瞬間、あなたは立ち止まって選ばなくてはならない。

そんなときは、あなたの生み出したい未来、つまり人生と相手との関係の象徴を思い出して、それを切り出そう。その瞬間もどんどん削っていこう。その障害と戦ったり、障害を憎んだり、障害に激高したり、相手や関係を傷つけることを言ったりしてはならない。あなたはそれを脇にどけ、やり過ごし、平静さを保ち、愛と冒険にあふれた未来に沿った行動を取らなくてはならない。

**本当の意味での方向転換を行わなくてはならない。**

その行動とは、相手に謝ることかもしれないし、愛しているという言葉かもしれないし、「少し落ち着く時間がほしい」と言うことかもしれない。そうした行動は、自己破壊へ向かいたい欲求を食い止める対策でもあり、愛と冒険のある関係を示す実例でもある。

そうしているうちに、障害は去る。次に訪れるときまで。

しかし次の問題が来たときでも、あなたはそれを脇へ置き、代わりに愛のある夫婦生活をもっとリアルに、もっと現在のものにする行動を取る。毎回そうする。なぜならそれが、愛のある人生こそが自分の存在意義だと考える人間の行動だからだ。そうした行動が愛をもたらすからだ。

それを1日に2回やる人もいるだろう。200回やる人もいるだろう。しかし、長続きする本当の変化を起こすにはそうするしかないことは、あなたもわかっている。本気の、真剣な、全力を込めた、出し惜しみのない、本当の望みをかなえたいという決意。打ちひしがれたり、落ち込んだり、混乱したりと、自分を見捨てる言い訳を見つけたくなった瞬間には、特にそれが必要になる。

そうやって取り組んでいても、あなたがそれを吹き飛ばす日は訪れる。そう、あなたはすべてを吹き飛ばす可能性があるが、それでも、その直後でも、あなたは未来を見据えて、新たな行動の指針にする。

責任を持って、自分が生み出した未来の関係に向かっていこう。

吹き飛ばしたかどうかはたいした問題じゃない。大事なのは石に向き合い続け、自分だけの傑作を生み出し、切り出していくことだ。生み出した未来を誇らしく思えるように。**あなたがここでやるべきなのは、毎日少しずつ未来を明らかにしていくことだ。**ミケランジェロが制作中に生じた問題に執着しなかったことの意味を、真剣に考えてほしい。

おなじみの物事は、折に触れてあなたの前に立ちはだかる。どこからかやって来てあなたの頭をひっぱたく。

そのときこそ、今までよりも大きな自分になるチャンスだ。

## 未来を実現するために、今、何をする？

私がこの本で示し、あなたを引っ張り込み、あなたの眼前に突きつけてきたくそったれな事実の数々が、あなたをここへ、すなわち本気で変わる機会へと導いた。

壊れた現実を修正しようと試してきた見せかけの変化じゃない。**心の底からの本気の根本的な変化、まったく新しいルールと行動原理に基づいた変化**だ。

これはたったひとつの未来でもない。ふわふわとしたあいまいな未来の夢じゃなく、無数の現実的な未来だ。あなたの経済状況や恋人との関係、家族、肉体、キャリアやビジネスや人生の目的といった未来がちりばめられた人生だ。

**そのすべてについて、未来を明確に思い描く必要がある。**自分はどこへ向かうのか。2年後、3年後、5年後の自分の人生は、実際にどうなっていると思うのか。何を生み出すのか。ただ座って運命に身をまかせるのか、それとも自分で未来を決めて自分にハードルを課し、その現実を一瞬また一瞬と生きていくのか。

自分は何に我慢し、時間に身をまかせ、無駄にしてきたのか。まずは、自分を奮い立たせるものに近づくことを目指そう。

**今ここで、心の目を使って未来の人生を生み出し、目にしたいもの、なりたい自分をイメージしよう。**今から1年後に自分がどんな仕事をしているかを想像しよう。その未来を実現するために、今日取るべき行動はなんだろうか。築きたい人間関係を思い描いてもいい。それが見えるだろうか。

見えたら今度は、現在に目を向けよう。その**未来を思い描くため、今の自分は何をする必要があるだろうか。**

その次は、生きる場所を描き出そう。どんな家に住み、どこに暮らしたいかを具体的に考えよう。その生活を誰と分かち合いたいかも想像しよう。恋人か、家族か、犬か、あるいはひとりがいいという人もいるかもしれない。

そうしたら次に、今の生活をそのとなりに置いて見てみよう。

今の生活は石の塊で、その未来はあなた自身が形作るダビデ像だ。まずは、どこに取りかかるべきだろうか。どんな障害が立ちはだかるだろうか。不毛な関係を終わらせるべきかもしれないし、何か大きな人生の壁に挑む必要もあるかもしれない。わかっている。簡単じゃない。

だけど、**自分がこれからどんな人生を生きるつもりかを忘れないでほしい。過去に立ち戻る人生か、それともまったく新しい未来を実現する人生か。今こそ選択のときだ。**

自分の人生を生きるための奇跡の秘訣なんてないし、万能の魔法薬も、自分だけの神秘のエネルギー源もない。何かひとつの物事で最高の自分に生まれ変わり、新たな目的があふれ出すなんてこともない。

人間は単なる肉の塊じゃなく、動く肉の塊だ。そして、やることは常にある。思い込みを解放し、探索すべき新しい行動や生きている実感は無数にある。そしてあなたは日々、そのタスクに責任を持って取り組むか、溺死体のようになるかを選ばなくてはならない。それだけのことだ。

宇宙はあなたの背中や胸、頭、お尻を支えてはくれないし、何かが起こるのは、あなたがその原因を作るからだ。

自分自身の幻想やドラマ、未解決の問題にふけるのはやめよう。気合いを入れて目を覚まそう。

怒りから失望、喜び、興奮、無感動まで、あなたの味わうすべてが人間なら当然の経験だが、現れるたびにそうしたものとイチャイチャする必要はどこにもない。

そういう感情はどれも人間的な体験だが、おぼれてはいけない。あなたは壊れてなんかいないいし、修理するところも何もない。

**あなたはもの言わぬ椅子じゃなく、人間なんだから、そこから抜け出して自分の未来を描こう。未来を最高のものにし、人生を価値あるものにしよう。**

人生とは実のところなんなのか、あなたはわかっているだろうか。

人生とは、骨と肉の詰まった皮袋を与えられ、それを使って戯れる機会のことだ。それを試し、ドライブへ連れ出し、皮の袋という縛りの中で有効活用し、生きて死んでいくことだ。

確実なことが知りたい？　確実なことはもうそこにある。そう、人は必ず死ぬ。

今からそのときまで、あなたの手の中には、自分で思う自分の限界をすべて飛び越えていく絶好のチャンスがある。時間切れになる前に、愛され、寛容で、冒険心を持ち、情熱的で、集中力があり、理解力を備え、成功したクリエイティブな人間になるチャンスがある。

周囲の人をまっすぐな目で見つめ、いつもなりたかった人間になろう。本当の自分になろう。

それ以外のことは、どれも不満を垂れるだけのくそコーヒータイムでしかない。

人生に刺激が足りないのは、自分を輝かせるものが生み出せていないからだ。だとしても、あなたのそばには私という小さな魔法のスポンジがいつもある。

あなたは自分の自己破壊の仕組みがわかっているだろうか。

あなたは退屈している。予測可能で安全な、泥まみれの小さなおなじみのバスタブに浸かってうんざりしきっている。

あなたはそれを自分でわかっていて、私もわかっている。あなたの学歴や資格の優秀さだとか、預金額だとか、ツイッターのフォロワー数といったことはどうでもいい。あなたの人生は、絶対に乗り越えられないと決めつけた過去から抜け出す試みを繰り返すだけ

の、凡庸なものになっている。
要因はすべて精神的な部分にある。

**過去におさらばして、大胆な未来を生み出し、今いる場所を出て、行動を起こそう。**自分改革に取り組もう。

**自分の人生や現状、この先の展望に当事者意識を持とう。**自分の日々の可能性に目覚めるために、責任を持ってやるべきことをやろう。

**さあ、未来は訪れた。あなたはいったいどうする？**

# 思い込みを捨てて本当の人生を取り戻そう

発行日　2021年1月30日　第1刷

Author　ゲイリー・ジョン・ビショップ
Translator　高崎拓哉
Book Designer　TYPEFACE 渡邊民人＋清水真理子

Publication　株式会社ディスカヴァー・トゥエンティワン
〒102-0093　東京都千代田区平河町2-16-1 平河町森タワー 11F
TEL　03-3237-8321（代表）03-3237-8345（営業）
FAX　03-3237-8323
https://d21.co.jp/

Publisher　谷口奈緒美
Editor　藤田浩芳　谷中卓

Publishing Company
蛯原昇　梅本翔太　千葉正幸　原典宏　古矢薫　佐藤昌幸　青木翔平　大竹朝子
小木曽礼丈　小山怜那　川島理　川本寛子　越野志絵良　佐竹祐哉　佐藤淳基
志摩麻衣　竹内大貴　滝口景太郎　直林実咲　野村美空　橋本莉奈　廣内悠理
三角真穂　宮田有利子　渡辺基志　井澤徳子　藤井かおり　藤井多穂子　町田加奈子

Digital Commerce Company
谷口奈緒美　飯田智樹　大山聡子　安永智洋　岡本典子　早水真吾　三輪真也
磯部隆　伊東佑真　王廳　倉田華　榊原僚　佐々木玲奈　佐藤サラ圭　庄司知世
杉田彰子　高橋雛乃　辰巳佳衣　谷中卓　中島俊平　野﨑竜海　野中保奈美　林拓馬
林秀樹　三谷祐一　元木優子　安永姫菜　小石亜季　中澤泰宏　石橋佐知子

Business Solution Company
蛯原昇　志摩晃司　藤田浩芳　野村美紀　南健一　村尾純司

Ebook Group
松原史与志　西川なつか　牧野類　小田孝文　俵敬子

Business Platform Group
大星多聞　小関勝則　堀部直人　小田木もも　斎藤悠人　山中麻吏　福田章平
伊藤香　葛目美枝子　鈴木洋子　畑野衣見

Corporate Design Group
岡村浩明　井筒浩　井上竜之介　奥田千晶　田中亜紀　福永友紀　山田諭志　池田望
石光まゆ子　齋藤朋子　丸山香織　宮崎陽子　青木涼馬　大竹美和　大塚南奈
越智佳奈子　副島杏南　田中真悠　田山礼真　津野主揮　永尾祐人　中西花
西方裕人　羽地夕夏　原田愛穂　平池輝　星明里　松川実夏　松ノ下直輝　八木眸

翻訳協力　株式会社トランネット（www.trannet.co.jp）
Proofreader　文字工房燦光
DTP　株式会社 RUHIA
Printing　中央精版印刷株式会社

・定価はカバーに表示してあります。本書の無断転載・複写は、著作権法上での例外を除き禁じられています。インターネット、モバイル等の電子メディアにおける無断転載ならびに第三者によるスキャンやデジタル化もこれに準じます。
・乱丁・落丁本はお取り替えいたしますので、小社「不良品交換係」まで着払いにてお送りください。
・本書へのご意見ご感想は下記からご送信いただけます。
https://d21.co.jp/inquiry/

ISBN978-4-7993-2716-6
©Discover21,Inc., 2021, Printed in Japan.

Discover

人と組織の可能性を拓く
ディスカヴァー・トゥエンティワンからのご案内

本書のご感想をいただいた方に
**うれしい特典をお届けします！**

特典内容の確認・ご応募はこちらから

https://d21.co.jp/news/event/book-voice/

最後までお読みいただき、ありがとうございます。
本書を通して、何か発見はありましたか？
ぜひ、感想をお聞かせください。

いただいた感想は、著者と編集者が拝読します。

また、ご感想をくださった方には、お得な特典をお届けします。